U0616582

四川历史名人品牌发展研究

任文举 ◎ 著

2020 年乐山师范学院学术著作出版基金资助

西南交通大学出版社

·成 都·

图书在版编目（ＣＩＰ）数据

四川历史名人品牌发展研究 / 任文举著. —成都：
西南交通大学出版社，2022.4
ISBN 978-7-5643-8607-8

Ⅰ. ①四… Ⅱ. ①任… Ⅲ. ①历史人物 – 人物研究 –
四川②文化产业 – 产业发展 – 品牌战略 – 研究 – 四川
Ⅳ. ①K820.871②G127.71

中国版本图书馆 CIP 数据核字（2022）第 033376 号

Sichuan Lishi Mingren Pinpai Fazhan Yanjiu
四川历史名人品牌发展研究
任文举　著

责 任 编 辑	居碧娟
封 面 设 计	原谋书装
出 版 发 行	西南交通大学出版社
	（四川省成都市金牛区二环路北一段 111 号
	西南交通大学创新大厦 21 楼）
发 行 部 电 话	028-87600564　028-87600533
邮 政 编 码	610031
网　　　址	http://www.xnjdcbs.com
印　　　刷	四川森林印务有限责任公司
成 品 尺 寸	170 mm × 230 mm
印　　　张	12.25
字　　　数	176 千
版　　　次	2022 年 4 月第 1 版
印　　　次	2022 年 4 月第 1 次
书　　　号	ISBN 978-7-5643-8607-8
定　　　价	38.00 元

本书为四川省哲学社会科学研究学科建设项目"'中国梦'背景下四川历史名人品牌发展战略研究"研究成果（项目编号：SC17XK027）。

本书为四川省哲学社会科学重点研究基地四川革命老区发展研究中心重点项目"'互联网+'背景下四川革命历史名人品牌发展战略研究"研究成果（项目编号：SLQ2018A-07）。

本书为四川省哲学社会科学重点研究基地四川郭沫若研究中心项目"'一带一路'背景下沫若品牌对外传播研究"研究成果（项目编号：GY19D08）。

本书为四川省教育厅人文社会科学重点研究基地四川落下闳研究中心项目"'一带一路'战略下四川古代天文学家品牌对外传播研究：以落下闳为例"研究成果（项目编号：LXHYJB1902）。

本书为四川省哲学社会科学重点研究基地羌学研究中心课题"羌族历史名人集体文化内涵及当代价值研究"研究成果（项目编号：2020PTJS08008）。

2012 年 11 月 29 日，习近平总书记在中国国家博物馆参观《复兴之路》展览时，首次提出了"中国梦"概念。2017 年 2 月 23—24 日，习近平总书记到北京市考察城市规划建设和北京冬奥会筹办工作，提出了"中国以后要变成一个强国，各方面都要强"的"强国梦"概念。"强国梦"与"中国梦"是一脉相承的，"中国梦"实质上就是经济强国、文化强国、教育强国、品牌强国、体育强国等各个领域的强国梦想。

"中国梦"内含有文化强国的梦想。2013 年 12 月 30 日习近平总书记在主持十八届中共中央政治局第十二次集体学习时强调，提高国家文化软实力，关系"两个一百年"奋斗目标和中华民族伟大复兴"中国梦"的实现。文化强国来源于对优秀民族文化和传统文化的传承。没有文明的继承和发展，没有文化的弘扬和繁荣，就没有"中国梦"的实现。习近平强调："不忘历史才能开辟未来，善于继承才能善于创新。优秀传统文化是一个国家、一个民族传承和发展的根本，如果丢掉了，就割断了精神命脉。我们要善于把弘扬优秀传统文化和发展现实文化有机统一起来，紧密结合起来，在继承中发展，在发展中继承。"①

"中国梦"内含品牌强国的梦想。拥有名牌尤其是世界名牌的数量和质量是一个国家或地区综合实力的象征，知名品牌更是宣传一个地方的

---

① 习近平. 努力实现传统文化创造性转化、创新性发展[M]//习近平. 习近平谈治国理政：第二卷. 北京：外文出版社，2017：313.

最好名片。但我国离品牌强国还有很长的路要走。李克强（2017）指出，我国中端以上轿车超 90% 是外国品牌。①党和国家对品牌经济发展非常重视，品牌强国建设承载的是一个经济大国向经济强国转变的梦想和使命。习近平总书记早在 2014 年就提出"推动中国制造向中国创造转变、中国速度向中国质量转变、中国产品向中国品牌转变"的"三个转变"重要指示。②

　　文化强国建设和品牌强国建设都迫切需要优秀传统文化支撑。历史名人作为时代先锋、文化楷模和民族脊梁，既是民族文化的开拓者，又是优秀传统文化的传承者和传播者。中华民族多姿多彩、灿烂辉煌的优秀传统文化，是由全国各族人民共同创造、长久传承凝结而成的，历史名人在其中发挥了重要作用。历史名人文化作为我国传统文化的典型符号，具有超强传承传播功能，能够为文化强国建设提供恒久弥坚的文化支撑，为我国品牌发展提供取之不尽的文化源泉。近年来从中央到地方都非常重视优秀传统文化传承。2017 年 1 月，中共中央办公厅、国务院办公厅印发《关于实施中华优秀传统文化传承发展工程的意见》；3 月，四川省也成立了历史名人文化传承创新工程领导小组，实施四川历史名

---

① 王雨馨．提高品牌竞争力是中国制造的重要着力点[EB/OL]．央广网，http://news.cctv.com/2017/03/20/ARTIOxiA8DBEllsOOGvBFgS7170320.shtml，2017-03-20．

② 崔小粟、姚奕．习近平在河南考察时强调：深化改革发挥优势创新思路统筹兼顾确保经济持续健康发展社会和谐稳定[N]．人民日报，2014-05-11，第 1 版．

人文化传承创新工程，评选历史名人，在学术研究、文化传习、品牌打造、文艺创作、文创产业等方面着力，规划打造历史名人文化传承创新体系。2017 年 7 月，四川省确定了大禹、李冰、落下闳、扬雄、诸葛亮、武则天、李白、杜甫、苏轼、杨慎等首批四川十大历史名人。2020 年 6 月，四川省确定了文翁、司马相如、陈寿、常璩、陈子昂、薛涛、格萨尔王、张栻、秦九韶、李调元等第二批四川十大历史名人。

四川历史名人资源非常丰富，是品牌强国和品牌强省建设不可多得的宝藏和不可或缺的文化支撑。历史名人及其资源品牌化，一方面可以形成大量历史名人品牌，另一方面为大量中国品牌注入民族文化元素和优秀传统文化元素。具备民族文化和优秀传统文化支撑的地道的中国品牌群体，在国内可以吸引各种消费群体，形成良性发展的品牌消费市场；在国外可以打动越来越多对中国文化感兴趣的消费者，从而走向国际市场。只有具有中国民族文化和优秀传统文化基因的中国品牌在国际市场上不断增强知名度，我国才能成为一个品牌强国。当前，四川各地对历史名人资源的利用往往局限于某个特别知名的作品、遗迹和遗物相当丰富的历史名人，如绵阳对李白品牌的开发、眉山对苏轼品牌的开发、乐山对郭沫若品牌的开发、广元对武则天品牌的开发，等等；对为数众多的历史名人品牌挖掘深度和广度还不够，品牌化发展还不充分，开发利用的广度和深度还欠缺。

本书撰写的意图在于初步探究历史名人品牌的基本内涵和四川历史名人品牌发展的一些基本问题，以便为四川历史名人品牌全面、深入开发提供理论借鉴。本书基于"中国梦"的宏观视野，从我国建设文化强国和品牌强国的需求出发，凸显了历史名人品牌发展的重要意义，界定了历史名人品牌的内涵和外延，深入探究历史名人品牌形成与发展的周期和阶段，诠释了历史名人品牌的价值、特征和类型，初步厘清四川历史名人品牌的总体分布，全面审视四川历史名人品牌传播的途径和策略，在此基础上，基于贡献领域和区域特征两个维度对四川历史名人品牌进行了深入挖掘，并就四川历史名人品牌开发的策略提出了一些建议。

感谢西南交通大学出版社社科分社社长郭发仔、编辑居碧娟在本书撰写过程中提出的宝贵修改意见和对本书校稿工作所做出的辛勤努力。由于历史名人品牌研究涉及品牌学、文化学、符号学、历史学、文化地理学等多个学科，可供参考的学术文献不多，再加之作者研究能力有限，恳请各个领域的专家、学者不吝赐教，多多提出批评和建议，以期未来进一步深入研究。

任文举

2021 年 8 月

目　录

第一章

"中国梦"背景下历史名人品牌发展的意义

2012 年 11 月 29 日，习近平总书记在中国国家博物馆参观《复兴之路》展览时，首次提出了"中国梦"这个概念并加以阐释："大家都在讨论中国梦，我以为，实现中华民族伟大复兴，就是中华民族近代以来最伟大的梦想……到中国共产党成立 100 年时全面建成小康社会的目标一定能实现，到新中国成立 100 年时建成富强民主文明和谐的社会主义现代化国家的目标一定能实现，中华民族伟大复兴的梦想一定能实现。"[1]
2017 年 2 月 23 日至 24 日，习近平总书记到北京市考察城市规划建设和北京冬奥会筹办工作，提出了"强国梦"。习近平强调："少年强中国强，体育强中国强，中国以后要变成一个强国，各方面都要强。"[2] "强国梦"与"中国梦"是一脉相承的，是自然而科学的延续。"中国梦"实质上是"强国梦"，是文化强国、经济强国、品牌强国、体育强国等各个领域的强国梦想。在"中国梦"宏大视野下，历史名人品牌发展的重要意义，

---

① 习近平. 实现中华民族伟大复兴是中华民族近代以来最伟大的梦想[M]//习近平. 习近平谈治国理政：第一卷. 北京：外文出版社，2014：36.
② 习近平. 中国要变成一个强国，各方面都要强[EB/OL].人民网，http://politics.people.com.cn/n1/2017/0225/c1001-29107382.html，2017-02-25.

在于通过弘扬以历史名人文化为典型符号的中华优秀传统文化，大力推动我国社会主义文化强国和品牌强国建设。

第一节　"中国梦"的内涵

"中国梦"是习近平总书记提出的重要指导思想和执政理念，关乎中国未来的发展方向，凝聚了中国人民对中华民族伟大复兴的憧憬和期待。2017年10月18日，习近平总书记在党的十九大报告中指出，实现中华民族伟大复兴是近代以来中华民族最伟大的梦想。中国共产党一经成立，就把实现共产主义作为党的最高理想和最终目标，义无反顾肩负起实现中华民族伟大复兴的历史使命，团结带领人民进行了艰苦卓绝的斗争，谱写了气吞山河的壮丽史诗。习近平指出，实现伟大梦想，必须进行伟大斗争，必须建设伟大工程，必须推进伟大事业。[①]

"中国梦"承接实现中华民族伟大复兴的主要内容。随着全国各地的宣讲和各族人民的实践不断深入，"中国梦"又不断被赋予新的内涵，内容日益充实，内涵日益丰富。"中国梦"的核心目标是到2021年中国共产党成立100周年和2049年中华人民共和国成立100周年时，逐步并最终顺利实现中华民族的伟大复兴，具体表现是国家富强、民族振兴、人民幸福、社会和谐。"中国梦"的实现路径是必须走中国特色社会主义道路，必须坚持中国特色社会主义理论体系，必须弘扬中国精神，必须凝聚中国力量。"中国梦"是一个系统工程，必须各个领域、各个地区、各个民族协同共进，全方位推进和实现政治、经济、文化、社会、生态文明五位一体建设。[②]当代中国所处的发展阶段和未来中国发展走向，决定了"中国梦"呈现出诸多重要时代特征：综合国力进一步跃升的"实力

---

① 习近平.实现中华民族伟大复兴的中国梦是新时代中国共产党的历史使命[EB/OL].新华网，http://www.xinhuanet.com//politics/2017-10/18/c_1121820111.htm，2017-10-19.

② 周书俊.中国梦的历史逻辑与新时代的奋斗目标[M]//汪青松，季正聚，黄福寿.中国梦的科学内涵与实践路径.上海：上海社会科学院出版社，2016：7.

特征"、社会和谐进一步提升的"幸福特征"、中华文明在复兴中进一步演进的"文明特征"、促进人全面发展的"价值特征"、追求多方共赢的"命运共同体"和追求世界和平的"和平特征"。①

"中国梦"有着深厚的历史文化渊源,"中国梦"的发端是对5000多年绵延不绝中华文明的历史传承和心理体验。无论是《诗经·大雅》"民亦劳止,汔可小康"的"小康梦",还是老子"上德无为而无以为"的"无为梦"、墨子"一同天下之义"的"尚同梦",抑或孔子"老有所终,壮有所用,幼有所长,鳏寡孤独废疾者皆有所养"的"大同梦"、孟子"耕者有其田,居有宅,食有肉,衣有帛"的"王道梦",还是张载"为天地立心,为生民立命,为往圣继绝学,为万世开太平"的"圣贤梦"等,都反映了中华民族世世代代对未来生活和美好社会的憧憬向往和愿望追求。"中国梦"更是发轫于近代以来中华民族遭遇的落后屈辱和灾难危机,承载着厚重的历史意识和共同的民族记忆。正如习近平总书记所言:"实现中华民族伟大复兴,就是中华民族近代以来最伟大的梦想。这个梦想,凝聚了几代中国人的夙愿,体现了中华民族和中国人民的整体利益,是每一个中华儿女的共同期盼。②"洪秀全的"太平天国梦"、洋务派的"军事自强梦"、康有为的"世界大同梦"、梁启超的"少年中国梦"、维新派的"变法图存梦"、孙中山的"振兴中华梦"、革命派的"民主共和梦"等梦想愿景带有浓厚思想启蒙意味,中华儿女从未放弃对民族复兴美好梦想的向往和追求。直到中国共产党成立以后,在迷茫彷徨中徘徊的中国人民才终于找到了实现民族独立和人民解放的中国梦的出路;中国共产党带领中国人民历经艰苦卓绝的不懈奋斗、艰难曲折的不断探索、开拓进取的不断创造,为民族复兴的追梦、筑梦和圆梦开辟了历史的沧桑正道,掀开了历史的崭新篇章。③

---

① 夏春涛."中国梦"与"美国梦"的本质区别[EB/OL].中国共产党网,http://cpc. people.com.cn,2013-04-23.

② 习近平.实现中华民族伟大复兴是中华民族近代以来最伟大的梦想[M]//习近平.习近平谈治国理政:第一卷.北京:外文出版社,2014:35.

③ 郑敏.中国梦的逻辑维度[M]//汪青松,季正聚,黄福寿.中国梦的科学内涵与实践路径.上海:上海社会科学院出版社,2016:58-59.

追梦圆梦的美好夙愿和向往精神，正是中华民族植根于心的内在精神基因和中华文化亘古绵延的不竭精神动力。民族复兴的梦想凝结着无数仁人志士的不懈努力，承载着全体中华儿女的共同向往。在追梦圆梦的生产实践中涌现出一些优秀者和典型代表，他们就是历史名人，"每一个社会时代都需要有自己的伟大人物，如果没有这样的人物，它就要创造出这样的人物来"①。历史名人在中华民族追梦圆梦的历程中起着重要的历史作用，他们以科学家、思想家、教育家等身份推动科学技术的进步和文化教育事业的发展；他们以文学家、艺术家等身份创造性地再现人民群众的生产和生活实践；他们以政治家、革命家、忠义谏臣等身份引导人民群众积极投身推动社会进步的实践活动；他们比一般人站得高些、看得远些、做得好些，他们带领广大人民群众一起追寻和实现民族强盛的梦想。

第二节　弘扬历史名人文化是文化强国建设的需要

"中国梦"内含文化强国的梦想。一个国家、一个民族的强盛，总是以文化兴盛为支撑的，中华民族伟大复兴需要以中华文化发展繁荣为条件。习近平总书记在 2013 年 12 月 30 日主持十八届中共中央政治局第十二次集体学习时强调："提高国家文化软实力，关系'两个一百年'奋斗目标和中华民族伟大复兴中国梦的实现。要弘扬社会主义先进文化，深化文化体制改革，推动社会主义文化大发展大繁荣，增强全民族文化创造活力，推动文化事业全面繁荣、文化产业快速发展，不断丰富人民精神世界、增强人民精神力量，不断增强文化整体实力和竞争力，朝着建设社会主义文化强国的目标不断前进。"②习近平总书记在十九大报告中指出："文化是一个国家、一个民族的灵魂。文化兴国运兴，文化强民族

---

① 马克思恩格斯全集（第一、二卷）[M]．北京：人民出版社，2009：547．
② 习近平．提高国家文化软实力[M]//习近平．习近平谈治国理政：第一卷．北京：外文出版社，2014：160．

强。"①当前，世界百年未有之大变局加速演进，文化越来越成为国际竞争的重要影响因素，文化软实力在国家综合国力中的地位和作用越来越重要。实现中华民族从站起来、富起来到强起来的伟大飞跃，必然伴随着中华文化繁荣兴盛，必然召唤着建设社会主义文化强国。建成文化强国，是中国特色社会主义建设的重要战略目标和"中国梦"真正实现的重要标志。党的十九届五中全会通过的《中共中央关于制定国民经济和社会发展第十四个五年规划和二〇三五年远景目标的建议》，明确提出到2035年建成文化强国的远景目标，并强调在"十四五"时期推进社会主义文化强国建设。

古今中外，无论是古埃及文明、古印度文明、古希腊文明还是中华文明，本质上都是文化强国造就的人类文明典范。历史与现实反复证明：一个实力强大的国家，必然是一个文化强大的国家。联合国教科文组织曾提出，发展最终应以文化概念来定义，文化的繁荣是发展的最高目标。历史名人是历代文化强盛时期建设事业的代表性力量，是弘扬民族精神和文化传播传承的主体性力量；历史上的文化巨匠既是推进文化创造性发展的天才般的巨人，又是文化传播传承的中坚巨擘，是人类文明长廊中的灯塔和航标。某种意义上，文化巨匠的高度就是民族文化的高度，他们是国家和民族文化自信、文化格局和文化高峰的生动体现。以历史名人为代表者和引领者的各族人民共同创造的中华优秀传统文化，是我们国家最厚重的软实力，是国家存续和发展最为宝贵的战略资源，是建设社会主义文化强国的自信之源、坚实根基与丰厚滋养。②

以历史名人文化为典型符号的中华优秀传统文化是建设文化强国的自信之源。习近平总书记在关于文化自信与文化建设系列论述中，把坚定文化自信作为关乎国运兴衰、文化安全与民族精神独立性的大问题来

---

① 习近平. 决胜全面建成小康社会 夺取新时代中国特色社会主义伟大胜利——在中国共产党第十九次全国代表大会上的报告[M]. 北京：人民出版社，2017.
② 吴毅君，张洁. 传承中华优秀传统文化 建设文化强国[N]. 光明日报，2021-04-26，第8版.

看待。他强调："没有高度的文化自信，没有文化的繁荣兴盛，就没有中华民族伟大复兴。"①中华民族在 5000 多年的历史长河中，形成了博大精深的中华文化，并因其文化的强大感召力和吸引力在世界上有着非常重要的历史地位。中华文明作为世界史上唯一的连续未断裂的文明，在历史上也曾遭逢存亡接续的危险，但中华文明最终得以保持延续，最为关键的原因就是中华文明有着强大的文化内聚力和生命力。每一次民族危难都意味着涅槃重生，每一次灾难深重都意味着新的崛起。中华文化成就辉煌、历久弥坚、从未中断、影响深远，铸就了我们今天开创社会主义文化强国的强大底气。

以历史名人文化为典型符号的中华优秀传统文化是建设文化强国的坚实根基。以历史名人为代表的劳动人民的社会实践创造了历史文化，文化塑造和引领社会发展，文化强国只有站在历史基础上才能为"中国梦"实现注入强大的动力源泉。中华文化是我们的民族之本和立国之魂，是我们屹立于世界民族之林的坚固根基和本质属性。中华优秀传统文化蕴含着博大精深的哲学思想、人文精神、道德理念、价值取向、行为方式，沉淀了厚重的精神财富和思想资源，是中华民族的"根"和"魂"，如"天下兴亡，匹夫有责"的爱国情怀，"天行健，君子以自强不息"的进取精神，"民为邦本，本固邦宁"的民本思想，"言必信，行必果"的诚信意识，"道法自然""天人合一"的生态理念，"与人为善""推己及人"的人际交往法则，"亲仁善邻""协和万邦"的国际交往准则，等等。在5000 多年文明发展中孕育的中华优秀传统文化、在党和人民伟大斗争中孕育的革命文化和社会主义先进文化，代表着中华民族独特的精神标识。中华民族在长期劳动实践中培育、集成、发展起来的伟大民族精神——伟大创造精神、伟大奋斗精神、伟大团结精神、伟大梦想精神，为中国发展和人类文明进步提供了强大精神动力。这些思想和精神是中华文明传承和发展的优秀精神及基因，既在新时代文化强国建设中具有强大的现

---

① 习近平. 决胜全面建成小康社会　夺取新时代中国特色社会主义伟大胜利
——在中国共产党第十九次全国代表大会上的报告[M].北京:人民出版社，
2017.

实指导力，又为新时代文化强国建设提供不竭的思想源泉。

以历史名人文化为典型符号的中华优秀传统文化是建设文化强国的丰厚滋养。习近平总书记强调："不忘历史才能开辟未来，善于继承才能善于创新。优秀传统文化是一个国家、一个民族传承和发展的根本，如果丢掉了，就割断了精神命脉。我们要善于把弘扬优秀传统文化和发展现实文化有机统一起来，紧密结合起来，在继承中发展，在发展中继承。"[①]中华民族历史悠久，中华文化源远流长、与时俱进、特色鲜明，在不同历史阶段形成了与之相适应的主要文化表现形态，既有着 5000 多年文明发展中孕育的中华优秀传统文化，又有着党领导人民在革命、建设、改革中创造的革命文化和社会主义先进文化。众多声名卓著的历史名人留下大量不朽作品，共同谱写了中华文化的辉煌篇章。从先秦诸子百家，到两汉经学、魏晋南北朝玄学，再到隋唐儒释道、宋明理学，从《诗经》楚辞、汉赋，到唐诗、宋词、元曲、明清小说，从中国古代"四大发明"，到音乐、绘画、瓷器，等等。除了大量作品之外，历史名人还留下大量遗迹，从物质文化遗产到非物质文化遗产，从全国重点文物保护单位到县级文物保护单位，从自然景观到人文景观，从东到西、从南到北，遍布祖国的各个角落。新时代文化强国建设应大力挖掘和开发历史名人文化资源，加强传统文化的创造性转化和创新性发展，加强对中华优秀传统文化的挖掘和阐发。习近平总书记指出："提高国家文化软实力，要努力展示中华文化独特魅力……要使中华民族最基本的文化基因与当代文化相适应、与现代社会相协调，以人们喜闻乐见、具有广泛参与性的方式推广开来，把跨越时空、超越国度、富有永恒魅力、具有当代价值的文化精神弘扬起来，把继承传统优秀文化又弘扬时代精神、立足本国又面向世界的当代中国文化创新成果传播出去。要系统梳理传统文化资源，让收藏在禁宫里的文物、陈列在广阔大地上的遗产、书写在古籍里的文字都活起来。要以理服人，以文服人，以德服人，提高对外文化交流水

---

① 习近平. 努力实现传统文化创造性转化、创新性发展[M]//习近平. 习近平谈治国理政：第二卷. 北京：外文出版社，2017：313.

平，完善人文交流机制，创新人文交流方式，综合运用大众传播、群体传播、人际传播等多种方式展示中华文化魅力。"①

第三节　弘扬历史名人文化是品牌强国建设的需要

随着经济全球化和国际市场竞争的加剧，世界已进入品牌经济时代。据联合国工业计划署的不完全统计，目前世界上共有知名品牌商品 9 万余种，其中 90%以上的品牌所有权归属于西方发达国家和亚太新兴工业国家或地区。②发达国家拥有全球 90%的知名品牌，发达国家 20%的强势品牌占据了全球 80%的市场份额，国际市场已由价格竞争、质量竞争上升为品牌竞争。③从国际上看，德国专注务实的工匠精神，美国高度严格的知识产权保护体制，韩国"国家品牌委员会"的推进机制，都是典型的品牌强国建设标杆。在近年来外部需求萎缩、贸易保护主义抬头的叠加影响下，中国制造走向国际市场，急需摆脱低成本、弱品牌竞争的模式，着力提高品牌竞争力。

"中国梦"内含品牌强国的梦想，我国品牌强国建设迫在眉睫。拥有知名品牌尤其是世界知名品牌的数量和质量是一个国家或地区综合实力的象征，知名品牌更是宣传一个地方的最好名片。眼下我国离品牌强国还有很长的路要走。李克强（2017）指出，我国中端以上轿车超 90%是外国品牌。④建设品牌强国的任务迫切而重要。习近平（2017）在十九大报告中指出："中国特色社会主义进入新时代，我国社会主要矛盾已经转化为人民日益增长的美好生活需要和不平衡不充分的发展之间的矛盾。"

① 习近平. 提高国家文化软实力[M]//习近平. 习近平谈治国理政：第一卷. 北京：外文出版社，2014：161-162.
② 程宇宁. 品牌策划与管理[M]. 北京：中国人民大学出版社，2018：19.
③ 张双. 以品牌引领建品牌强国[EB/OL]. 中国政府网,http://finance.sina.com.cn/roll/2017-05-11/doc-ifyfekhi7217596.html.
④ 王雨馨. 提高品牌竞争力是中国制造的重要着力点[EB/OL]. 央广网，http://news.cctv.com/2017/03/20/ARTIOxiA8DBElIsOOGvBFgS7170320.shtml,2017-03-20.

这一论断指出了我国消费需求升级、品牌消费趋势愈加明显的消费现状和中国与发达国家、国内地区间产业间品牌发展不平衡不充分的发展现状之间的矛盾。

近年来，党中央和国务院对品牌经济发展非常重视，品牌强国建设承载的是一个经济大国向经济强国转变的梦想和使命。习近平（2014）提出"推动中国制造向中国创造转变、中国速度向中国质量转变、中国产品向中国品牌转变"的"三个转变"重要指示。①习近平（2015）指出"中国有 13 亿人口，要靠我们自己稳住粮食生产。粮食也要打出品牌，这样价格好、效益好。"②李克强（2015）强调，中国制造今后要包含更多中国创造因素，更多依靠中国装备、依托中国品牌，推动中国制造由大变强。③李克强（2016）在江西南昌考察时指出，科技成果不仅要转化为生产力，还要在市场上形成竞争力，并寄望南昌高科技企业不断提高知名度和美誉度，在世界打响自己的品牌。④

品牌强国建设不能仅仅依靠政府单方面推动，也是企业、市场和政府等相关各方协同推进的结果。品牌强国建设过程中微观、中观和宏观层面以及各个产业、各类品牌领域，都离不开中华优秀传统文化的支撑。

从微观上看，历史名人文化为我国大量个体品牌规划和品牌持续发展提供了丰富的文化滋养。而品牌强国是由千千万万活生生的个体品牌支撑起来的，包括产品（服务）品牌、组织品牌、产业品牌、区域品牌、公共品牌及名人品牌等，都是汇聚成品牌强国洪流的涓涓细水。文化是

---

① 崔小粟、姚奕．习近平在河南考察时强调：深化改革发挥优势创新思路统筹兼顾确保经济持续健康发展社会和谐稳定[N]．人民日报，2014-05-11，第 1 版．

② 习近平：粮食也要打出品牌[EB/OL]．人民网，http://politics.people.com.cn/n/2015/0717/c70731-27316992.html．

③ 赵之林．李克强：依托中国品牌推动中国制造由大变强[EB/OL]．人民网，http://politics.people.com.cn/n/2015/0325/c70731-26750310.html．

④ 曹昆，杨成．李克强寄望南昌高科技企业：要在世界打响自己的品牌[EB/OL]．人民网，http://politics.people.http://politics.people.com.cn/n1/2016/0823/c1024-28659863.html．

一个品牌的内在驱动力，每个有影响力的品牌，背后一定有强大的文化支撑，而这种文化支撑只能来源于本国的民族文化和传统文化。我国丰富的历史名人资源品牌化，一方面可以形成大量历史名人品牌，另一方面为大量中国品牌注入民族文化和传统文化元素。在各种品牌的战略规划中，无论是品牌外在的名称、标志、包装等，还是品牌内在价值、属性等，都可以充分利用历史名人的名字、作品、故事、遗迹、遗物等。在品牌持续发展壮大的过程中，要求品牌文化与民族文化、传统文化必须协同进化；具备坚实的优秀传统文化支撑的中国品牌，由于注入了传统文化基因，其品牌文化与品牌核心消费群体内心深层的传统文化心理产生共振，触动消费者内心的核心价值观，能够更好地与消费者沟通，能够与竞争品牌形成明显的区隔，能够获得长久的品牌忠诚，最终品牌才能发展壮大。世界上品牌强国的发展历程，无不得益于具有强大民族文化支撑、畅销世界的品牌群体，如美国"通用""福特"，德国"奔驰""宝马"，日本"索尼""丰田"，等等。

从中观来看，品牌强国建设需要一个健康的品牌消费市场，民众热衷于消费中华优秀传统文化熏陶出来的国内品牌，推崇国内品牌所倡导的积极进取、传承优良的文化价值观。中华优秀传统文化的结晶只有进入广大人民群众日常的生产生活，耳濡目染，潜移默化，用最精彩的部分唤醒人们深层的文化基因，才能增强公众的文化自信。而作为中国传统文化典型符号的历史名人，其资源的品牌化，为我国众多品牌注入了丰富的传统文化基因，大量高端大气、文化底蕴深厚的品牌进入人民群众的生产生活与人们深层的文化基因产生了共鸣，广大人民群众在接触和消费地道的中国品牌时油然而生一种文化自信心和民族自豪感。具备中华优秀传统文化支撑的地道的中国品牌群体，在国内可以吸引各种消费群体，形成良性发展的品牌消费市场；在国外可以打动越来越多对中国文化感兴趣的消费者，从而走向国际市场。

从宏观上看，基于中华优秀传统文化的品牌建设和品牌消费是强国文化构成的重要部分。个别品牌在建设过程中充分利用优秀传统文化元素，个别民众在消费过程中对优秀传统文化情有独钟，当越来越多的品牌和消费者被吸引汇流成河，个体现象就能发展到群体现象并进而发展为一种全社会的文化现象和文化潮流。中华优秀传统文化在创新性发展和创造性转化的过程中自觉得到了传承传播。品牌尤其是知名品牌是一种凝结了优秀民族文化和传统文化的超级符号，是不可多得的优秀民族文化和传统文化对内传承和对外传播的超级载体。历史名人本身就是中华优秀传统文化的典型代表和典型符号，凝聚着传统文化的精气神，在历史长河中历久弥坚、世代相传；尤其是那些全国性、国际性的历史名人，如大禹、李冰、诸葛亮、李白、杜甫、苏轼、武则天、郭沫若等，已经发展成为一种超级符号和超级品牌，无疑是中华优秀传统文化对内传承和对外传播的最生动、最鲜活的载体。具备中华优秀传统文化支撑的地道的中国品牌群体，吸引越来越多对中国文化感兴趣的外国消费者，在国际市场上不断增强知名度，逐渐发展成为世界知名品牌，有利于在国际上传播中华文化，推动我国真正成为一个世界品牌强国和文化强国。

第二章

历史名人品牌概念界定

　　现代社会已经进入品牌时代，品牌概念在内涵与外延上已经获得了极大扩展，从静态的产品（服务）品牌延伸到了生龙活虎的人的品牌，尤其是名人品牌，如体育明星品牌、影视明星品牌、企业家品牌等；从企业品牌延伸到了各种各样的组织品牌，再从组织品牌延伸到了区域品牌乃至国家品牌；从私有的商业品牌延伸到了共有共享的公共品牌。国内外有关品牌的研究已较为充分和深入，对现代名人品牌的研究文献也越来越多，但对历史名人品牌进行研究的文献却很稀少，历史名人品牌的内涵和外延等一些本质性的内容尚待厘清和深入研究。本书遵循从一般品牌到个人品牌、从现代名人品牌到历史名人品牌的逻辑和路径对历史名人品牌的内涵和外延进行演绎和诠释。

第一节　历史名人的界定

　　历史名人是人民群众的一部分。人民群众是一个历史范畴，是指一切对社会历史起着推动作用的人们。任何一个历史时期，人民群众的主体都是从事物质资料生产的劳动群众和劳动知识分子。[①]历史名人不是指

---

　　① 马克思全集（第二卷）[M]．北京：人民出版社，1957：103-104．

历史长河中的任何一个人，而是在人民群众的生产实践中涌现出来的一些优秀者和典型代表，他们比一般人站得高些、看得远些、做得好些，他们带领人民群众一起推动历史的发展。

历史名人是指一定历史时期在一个或多个领域崭露头角，在一个或多个方面做出过重要贡献，对社会历史进程或重大历史事件起过重大或较为重大的作用，影响和推动历史进程发展，在历史长河中遗传下来一些重要的遗迹、遗物和作品等历史文化资源，对后世有着深远影响，并为人民群众广为接受和传颂的那类历史人物。

历史名人是历史事件的发起者、当事者，是实现一定历史任务的组织者、领导者，是历史进程的影响者。他们不断总结劳动人民的生产和生活经验，以科学家、思想家、教育家等身份推动科学技术和文化教育事业的进步；他们以文学家、艺术家等身份再现人民群众的生产和生活实践；他们以政治家、革命家等身份引导人民群众积极投身推动社会进步的实践活动；他们亲手完成了许多宝贵的精神产品的创造。

历史名人是一定历史条件下的产物。在阶级社会里，历史名人是一定阶级的代表，他们是从属于一定阶级的。历史人物既有对国家、对民族、对人民起过正面历史作用的人物，也有对国家、对民族、对人民起过反面历史作用的人物。人们谈到历史名人，一般是指对国家、对民族、对人民起过正面历史作用的人物。[①]目前，学界、政界尚没有对历史名人统一的界定标准，各种统计也有出入，但在以下方面形成了一些共识：

（1）时间范围：从远古三皇五帝传说时期至 20 世纪末，截止到 2000 年已经过世，主要活动在我国传统社会时代。[②]

---

① 章采烈. 论历史名人级差及其效应：中国名人名胜资源的旅游价值[J]. 旅游学刊，1994（4）：44-47.

② 第一批、第二批四川十大历史名人评选的时间确定为卒年在辛亥革命以前。最新修编的《巴蜀历代文化名人辞典》把历史名人的卒年时间确定为 2015年。本书把四川历史名人的卒年时间确定为 20 世纪末，理由为：中央政府和地方政府推动历史名人文化传承创新工程目的是以历史名人为载体来传承传播中华优秀传统文化，而近现代四川有很多历史名人为推动社会发展进步、民族独立富强和国家繁荣昌盛做出了巨大贡献，对传承传播中华优秀传统文化具有重大价值。

（2）业绩贡献：历史上在某一个或几个领域崭露头角，在国家治理、科学技术、经济发展、文化教育、维护国家统一、民族文化交流等方面具有代表性贡献，在某一个或几个方面对较大范围区域乃至整个国家、民族、人民起过重大作用。

（3）名望：在其所处朝代及随后较长一段时间，经过持续不断的传播，已经逐渐被社会所知晓，在较大区域范围内乃至全国范围内具有较高知名度。

（4）影响力：在某一个或几个方面对后世社会政治、经济、文化、技术等方面有着深远影响，世世代代广为传颂。

第二节　品牌概念

关于品牌的概念，目前在国内外并没有统一的界定。美国市场营销协会、大卫·奥格威、菲利普·科特勒、大卫·艾克等知名研究机构和学者从符号学、构成元素、消费者感知等视角对品牌概念的界定，在世界范围内影响比较大，引用比较多。

美国市场营销协会（AMA，1960）在《营销术语词典》中对品牌的定义为：品牌是一种名称、术语、标记、象征、符号或设计，或是它们的组合运用，其目的是用以识别一个或一群产品或服务，并使之与竞争对手的产品或服务区别开来。[①]

世界著名广告大师、奥美创始人大卫·奥格威（David Mackenzie Ogilvy）对品牌做了如下定义：品牌是一种错综复杂的象征，它是品牌的属性、名称、包装、价格、历史、声誉、广告风格的无形组合。品牌同时也因消费者对其使用的印象及自身的经验而有所界定。[②]

联合利华的董事长迈克·佩里（Michael Perry）先生认为：品牌是消费者对一个产品的感受，它代表消费者在其生活中对产品与服务的感受

---

① 黄静. 品牌营销[M]. 2版. 北京：北京大学出版社，2014：3.
② 朱立，贺爱忠. 品牌管理[M]. 北京：高等教育出版社，2008：2-3.

而滋生的信任、相关性与意义的总和。

世界著名营销学家菲利普·科特勒（Philip Kolter）认为：品牌是一个名字、称谓、符号、设计或是上述的综合，其目的是要使自己的产品或服务有别于其他竞争者。1994 年，他对品牌的概念进行了新的界定：品牌包含多方面的内容，至少有以下六个方面：属性、利益、价值、文化、个性以及用户。①

著名品牌学家大卫·A. 艾克（David A. Aaker，1998）认为：品牌就是产品、符号、人、企业与消费者之间的联结和沟通。也就是说，品牌是一个全方位架构，牵涉到消费者与品牌沟通的方方面面，并且品牌被视为一种"体验"，一种消费者能亲身参与的更深层次的关系，一种与消费者进行理性和感性互动的总和，若不能与消费者结成亲密关系，产品就从根本上丧失了被称为品牌的资格。②

凯文·凯勒（Kevin Keller，1998）认为，品牌是扎根于顾客脑海中对某些东西的感知实体，根源于现实，却反映某种感知，甚至反映顾客的独特性。③

里克·莱兹伯斯（Rik Riezebos）等认为：品牌是能够同某个企业的产品或服务与其同类区别开来的，并能在物质和非物质方面为消费者带来意义的一切标识。④

品牌是企业组织以其具有优异品质的商品或服务为载体，以商品的功能属性或精神属性为诉求内容，通过各种营销和传播活动与目标消费者建立彼此相互认同的，并为双方带来利益的关系总和。⑤

对品牌的解释各有侧重。英国学者莱斯利·德·彻纳东尼（Leslie De Chernatony，2001）对品牌的各种释义进行了分类，从品牌的输入、输出

① [美]菲利普·科特勒，凯文·莱恩·凯勒. 营销管理[M]. 15 版. 何佳讯，于洪彦，牛永革，等，译. 上海：上海人民出版社，2016：470.
② [美]大卫·A. 艾克. 品牌经营法则[M]. 呼和浩特：内蒙古人民出版社，1999：46.
③ 黄静. 品牌营销[M]. 2 版. 北京：北京大学出版社，2014：3.
④ [美]里克.莱兹伯斯，等. 品牌管理[M]. 北京：机械工业出版社，2004：35.
⑤ 程宇宁. 品牌策划与管理[M]. 北京：中国人民大学出版社，2014：11.

和时间三个维度解释品牌。品牌的输入视角突出品牌带给企业和消费者的功能；品牌的输出视角强调品牌发挥的影响力；时间视角认为，品牌的发展是渐进的，有不同的发展层级。[1]

表 2-1　关于"品牌"的不同解释

输入视角	输出视角	时间视角
标识	印象	演进的实体
法律工具		
企业		
速记法		
风险减弱器		
定位	关系	
价值链		
展望		
附加价值		
本体		

通过对品牌概念的不同视角的深入探讨，以及品牌营销和管理实践的不断发展，品牌的内涵处于不断充实中，品牌的外延也在不断扩展中，品牌可以存在于生产、流通、消费、金融、服务、教育、非营利组织、公用事业等任何领域，品牌主体也从产品（服务）、企业扩展到组织、城市、区域、国家、个人等，对品牌任何简单的定义都难以涵盖品牌真正的本质和特征。纵观各种品牌定义，可以发现一些关于品牌内涵的关键性要素：

（1）符号：即品牌的视觉印象和效果，包括品牌名称（brand name）和品牌标志（brand mark）。

（2）关系：品牌即是信誉主体（品牌主体）与信任主体（品牌客体）的关系符号；[1]品牌是主体与客体、主体与社会、企业与消费者相互作用

---

① LESLIE DE CHERNATONY. From Brand Vision to Brand Evaluation[M]. Butterworth-Heinemann, 2001：21-56.

① 舒咏平. 品牌即信誉主体与信任主体的关系符号[J]. 品牌研究，2016（1）：20-25.

的产物。品牌要求双方进行理性和感性互动，追求彼此双方相互认同。

（3）价值：品牌具有品牌价值，且为品牌主体和客体双方带来利益。

（4）资产：品牌是一切无形资产总和的全息浓缩，能够带来溢价、产生增值；拥有知名度、信誉度和忠诚度；可以积累、扩展、兼并、延伸。

（5）可感知性：品牌是消费者对一个产品或服务的感受和体验，它代表消费者在其生活中对产品与服务的感受而滋生的信任、相关性与意义的总和。

（6）定位：品牌因消费者对其使用的印象及自身的经验而扎根于品牌客体脑海中，具有明确而具体的位置。

（7）形象：品牌向公众展示的是主体多维度的、部分或整体的形象。

（8）个性化：品牌是一种标榜个性、具有区别功能的特殊符号，能够在一群产品或服务中区别于其他。没有完全相同的两个品牌。

（9）象征：品牌是一种错综复杂的象征，如价值观、生活方式、文化传统等。

（10）专有：品牌拥有者经过法律程序的认定，享有品牌的专有权，有权要求其他企业或个人不能仿冒和伪造。

（11）表象性：品牌是无形资产，不具有独立的实体，但品牌必须通过一系列物质载体来表现自己，使品牌有形化。品牌的直接载体主要是文字、图案和符号，间接载体主要有产品质量、产品服务、知名度、美誉度、市场占有率等。

第三节　个人品牌概念

美国管理学汤姆·彼得斯（Tom Peters）最早提出了"个人品牌"概念，他认为，不只是企业、产品需要建立品牌，个人也需要建立个人品牌，21世纪的工作生存法则就是建立个人品牌。现代社会人们的生产方式与生活形态日趋多样化趋势，人们的交往范围不断扩大，使得个人品牌发展的范围更加宽广，数量更加繁多，如影视明星、体育明星、企业家、网络红人等均已成为个人品牌诞生的大户。在信息社会时代，一方面，信息社会需要通过各类社会组织主体的信誉建构来产生信息价值，这就形成了品牌化的社会大趋势；另一方面，品牌尤其是典型的产品（服务）品牌，是以无数个体的劳动为结晶、以无数的个体品牌为集合的，且在信息社会个体劳动者或生产者均可通过社会化媒体而个性鲜明地进行个人品牌的建构。为此，个人品牌的建构在信息社会不仅成为产品（服务）品牌或组织品牌的微观支撑，同时也成为信息时代最活跃的媒体存在。①

美国戴维·麦克纳利（David McNally）等在《个人品牌》一书中指出："你的品牌是他人持有的一种印象或情感，描述了与你建立某种关系时的全部体验。"并将这一概念与实际相结合，提出"个人品牌"同"品牌"在本质上并没有什么不同，区分和竞争是其目的所在。②

劳拉·雷克（Laura Lake）在他的文章中说道："个人品牌是指个人拥有的外在形象和内在涵养所传递的独特、鲜明、确定、易被感知的信息集合体。能够展现足以引起群体消费认知或消费模式改变的力量，具有整体性、长期性、稳定性的特性。"③

美国希勒公司总裁乔·希勒（Joe Heller）认为："个人品牌向他人传达一种积极的期望，它是对别人的承诺，是你在受众中的首要形象。个人品牌的效用非常强大，一旦形成，很难形成挑战与竞争。"④

中国个人品牌委员会秘书长徐浩然博士为个人品牌下定义：个人品牌是以特定个人为依托，以个人的精神内涵为价值核心，以其综合形象为传播载体，具有鲜明独特的个性和情感特征，满足某一特定群体或大众的消费心理、审美需求或价值需求，符合社会主流价值观的要求，可以被相应群体或社会广泛接受并长期认同，能够形成广泛传播，并能够

① 舒咏平，邓国芬. 从大禹治水看个人品牌的建构[J]. 湖南行政学院学报，2007（1）：45-48.
② [美]戴维·麦克纳利，卡尔·D. 斯皮克. 个人品牌[M]. 赵恒，译. 北京：中信出版社，2003：12.
③ [美]劳拉·雷克. 创建和提升个人品牌之七要素[J]. 孙美玲，译. 品牌，2013（2）：6-7.
④ [美]埃尔弗·努锡法拉. 个人品牌的力量[J]. 吴威，译. 中国企业家，2002（11）：105.

转化为商业价值或社会价值的一种社会注意力资源和个人无形资产。[①]

个人品牌是由专业水准、服务方式、价值取向和文化修养等方面组成的综合体，是由技能、业绩、经历、诚信、个性、品德、知名度等黏合而成的独特能力。个人品牌有公认的无形价值，有公众正面肯定倾向的客观依据，其标志着身份，体现着实力。[②]

公众和学者更多关注的是社会上知名的个人品牌，即名人品牌。名人品牌是个人品牌的典型代表，是现代社会广为认同的个人品牌的佼佼者，包括体育明星品牌、影视明星品牌、企业家品牌、科学家品牌、作家品牌、网络红人品牌等。名人在现代社会的品牌价值已毋庸置疑，有关名人品牌尤其是明星品牌的研究颇多。

纵观对个人品牌及名人品牌（明星品牌）所做的不同定义，可以发现一些有关个人品牌内涵的关键性要素：

（1）符号：包括个人的名字（原名或社会认可的其他名号），个人的外在形象和内在涵养。

（2）关系：个人品牌即信誉主体（个人）与信任主体（他人）的关系符号；[③]个人品牌的形成是一个双向的互动过程，它同时依赖于对象的选择和接受；[④]个人品牌是个人与他人、个人与社会相互作用的产物，依赖他人的认同。

（3）价值：个人所体现出来的对社会及某个区域、某个领域的贡献、业绩、个人价值和个人信誉。

（4）资产：个人品牌是个人一切无形资产总和的全息浓缩，能够为个人带来溢价、产生增值；像企业品牌、产品品牌一样拥有知名度、信

① 徐浩然. 个人品牌——学会自我经营生存的生存法则[M]. 北京：机械工业出版社，2007：29.
② 许敏，翟丽，田野. 公众人物个人品牌塑造与形象公关研究[J]. 西安社会科学，2009（9）：131-133.
③ 舒咏平. 品牌即信誉主体与信任主体的关系符号[J]. 品牌研究，2016（1）：20-25.
④ 胡赛丽."80后"作家个人品牌与文学时尚的关系[J]. 三明学院学报，2019，3（36）：60.

誉度和忠诚度；可以积累、扩展、兼并、延伸。

（5）联想：在他人心中产生的联想，比如提到马云，人们想到的是网购；提到马化腾，人们想到的是社交媒体；提到任正非，人们想到的是高科技与创新精神等。

（6）个性化：个人品牌是一种标榜个性、具有区别功能的特殊符号，能够在茫茫人海中区别于其他人。有了个性，就有了辨识度，没有完全相同的两个个人品牌。

（7）印象：个人品牌是自身形象的象征，是个人在他人（个人期望的目标对象）头脑中产生的特有印象。

（8）一致性：个人品牌是客体对主体持有的较一致的印象或口碑；需保持一种"一以贯之"的状态，以维持接受对象对于个人品牌的印象，巩固信任。[①]

（9）定位：依赖受众，占据受众的心智资源，存在于受众的头脑中。

（10）象征：具有象征意义，既具有自我表现性利益，又具有情感利益。

（11）风险性：由于个人言行无法保证在时间上和空间上的恒久一致性，一些意外负面事件不可避免会发生，将对个人品牌造成不同程度的危害；在网络时代和信息时代，意外负面事件的病毒性传播在时间和空间上都可能无限扩大，对个人品牌的危害可能无限放大。对于明星、名人品牌来说，这种风险又远远高于一般个人品牌。因此，为了降低企业品牌经营的风险，许多明星代言也更多偏向产品形象代言，而不是企业形象代言。[②]

第四节　历史名人品牌概念

历史名人尤其是那些特别知名的历史名人，在长期的历史发展过程

---

① 胡赛丽. "80后"作家个人品牌与文学时尚的关系[J]. 三明学院学报，2019，3（36）：60.

② 徐浩然. 个人品牌——学会自我经营生存的生存法则[M]. 北京：机械工业出版社，2007：29.

中已经衍化为社会超级符号，携带着丰富的文化意义，能够引起人们无限的遐想。从符号学和品牌学的角度来看，原始社会的部落酋长就是典型的符号，是名人品牌符号，在实践上早于产品品牌的出现。

历史名人品牌是一种特殊的品牌。多数历史名人在其所处朝代即已经发展成为名人品牌；有些历史名人还是他们那个时代众人追捧的明星人物，如李白、杜甫、苏轼等；还有一些历史名人是在其过世后被人们挖掘出巨大价值而逐渐成名。历经人类历史发展长河岁月的洗礼和长久的传播，这些当时的名人品牌逐渐发展成为历史名人品牌。

通过对品牌和个人品牌内涵关键性要素的比较研究，结合历史名人品牌个性和特殊性，我们可以发现历史名人品牌内涵的一些关键性要素：

（1）符号：包括历史名人的名字（原名、笔名、尊称、别称、谥号等），历史名人的外在形象和内在精神在公众头脑中留下的特有印象。

（2）实绩：在某个领域、某个方面，在当世和后世都得到公认的较大的功劳与较长远的贡献。

（3）人物创建实绩可回溯的故事：与现代名人品牌形成的速成性不同，历史名人品牌形成具有长期性、缓成性，且有众多的品牌故事为支撑。

（4）人物实绩与故事的物化文本：历史名人品牌需要以遗留下来的历史遗迹、遗物、作品等物化文本为证实材料和传承载体，如流传作品、纪念物、传记、纪念馆等。[1]

（5）联想：历史名人的功劳与贡献获得公众认同，占据公众的心智资源，在公众心中能产生丰富的联想，比如提到秦皇汉武、唐宗宋祖、毛泽东、邓小平等历史名人，公众会想到伟人、政治家、开创者等意象。

（6）资产：历史名人品牌是历史名人一切无形资产总和的全息浓缩，能够为历史名人籍贯地、出生地、成长地、安葬地、寓居地等地方的政府、居民和各种组织等相关方带来价值及增值，拥有知名度、美誉度和忠诚度，可以积累、扩展、兼并、延伸。

---

① 舒咏平，邓国芬. 从大禹治水看个人品牌的建构[J]. 湖南行政学院学报，2007（1）：45-48.

（7）个性化：历史名人品牌是一种标榜个性、具有区别功能的特殊符号；在漫长的历史发展的长河中，历史名人众多，唯有个性方能区别众多的历史名人。

（8）一致性：经过历朝历代长期传播，公众对历史名人品牌持有较一致、良好的印象或口碑，历史名人品牌具有持久性、稳定性，因而风险性较小；而现代名人品牌具有时效性、易变性，因而风险性较大。

（9）公共性：历史名人品牌属于国家和民族的共同遗产和财富，不属于哪一个地区、哪个组织，也不属于历史名人的后代。

（10）有限性：在传统农业社会由于家庭为主的生产限制了人们的活动方式与范围，绝大多数的个人品牌往往囿于村落、乡间等狭小的空间，仅有少数政治人物、名臣将相、骚人墨客等特别出众的人物才可能在实现自身的抱负中进行较大范围的个人品牌建构。

基于符号学和品牌学的视角，通过一般商品品牌和个人品牌（名人品牌）内涵和外延的逻辑推演，虽不能为历史名人品牌给出一个比较确切的定义，但我们至少可以看到历史名人品牌含义所包括的一些重要内容：

（1）历史名人品牌以历史名人为载体，并不是简单等同于历史名人的名字、贡献或事迹，而是历史名人的外在形象（如历史名人的名字、外貌特征等视觉识别性要素）和内在精神（如历史名人的贡献、体现精神、地域文化和群体文化体现等理念识别性要素）的综合体。

（2）历史名人品牌以历史名人贡献和事迹及其相关资源（如作品、遗迹、遗物、纪念物等）为支撑，丰富的历史名人资源已内化为历史名人品牌的组成部分。

（3）历史名人品牌是在长久的历史发展过程中所形成、经过长期传播在公众头脑中已经留下一致印象的、关于历史名人的外在形象和内在涵养所传递的独特、鲜明、确定、易被感知的信息集合体。

（4）历史名人品牌是把一位历史名人和其他历史名人区别开来的独特的象征、符号或实际事物及其组合。

第三章

历史名人品牌形成和发展

　　辩证唯物主义发展的观点认为：物质世界是不断发展的世界，运动是宇宙间一切物质的根本存在方式。发展是指事物由简单到复杂、由低级到高级的运动过程，它的实质是新事物的产生和旧事物的灭亡，发展是客观的、有规律的。①世界著名营销学家菲利普·科特勒认为品牌也会像企业和产品一样经历一个出生、成长、成熟、衰退的过程。②名人品牌因主体的高度动态性和不确定性而不同于静态的商品品牌，其生命周期也显得更加复杂，目前相关研究不多。历史名人品牌作为一种特殊品牌，其发生发展历程既要遵循品牌发展的一般规律，也会凸显出自己区别于一般商品品牌生命周期的独特性。唯物辩证法认为个性和共性（特殊性与普遍性）是对立统一的辩证关系：个性和共性互相包含，个性和共性可以相互转化。因此，人们可以通过对个别东西的认识，归纳概括出共性（普遍性）的认识，从而大规模地指导实践。在第一、二批四川十大

---

①　肖前，黄枬森，陈宴清.马克思主义哲学原理[M].北京：中国人民大学出版社，1997：149-154.

②　菲利普·科特勒.营销管理[M].13版.上海：格致出版社，2009：318-324.

历史名人中，文学领域的历史名人占大多数，有扬雄、司马相如、李白、杜甫、陈子昂、薛涛、苏轼、杨慎、李调元等，几乎占一半；文学家作品丰富，其作品来源于且紧贴人民群众生产生活，大众比较熟悉甚至喜爱。研究文学家人生轨迹和创作历程的传记、文献较多，能够较为完整地探究和刻画历史名人品牌形成和发展的全过程。因此，本书基于现代品牌生命周期理论，选取唐代的李白、宋代的苏轼和近现代的郭沫若三位不同时代的文学巨匠，兼顾其他领域历史名人品牌，再通过与现代名人品牌发展过程相比较，对历史名人品牌形成和发展的过程和阶段进行初步研究。

第一节　孕育阶段

除了已经过世的现代历史名人部分社会活动发生在中华人民共和国成立后，大部分历史名人生活在我国传统乡土社会大环境下。费孝通指出中国的乡土社会是一个差序格局社会，每个乡土社会中的成员都是以自我为核心，按照跟自己的亲疏远近慢慢往外推，来形成一个差序格局，从而确定一个交往和信任次序。差序格局"好像把一块石头丢在水面上所发生的一圈圈推出去的波纹，一圈圈推出去，愈推愈远，也愈推愈薄。每个人都是他社会影响所推出去的圈子的中心，被圈子的波纹所推及的就发生联系"[①]。"从己向外推以构成的社会范围是一根根私人联系，每根绳子被一种道德要素维持着。社会范围是从'己'推出去的，而推的过程里有各种路线，最基本的是亲属：亲子和同胞……向另一个路线推是朋友。"[②]乡土社会是一个依靠熟人来维系秩序的熟人社会，大家彼此熟悉，世代生活在一个比较封闭的社区里，信息非常透明。[③]在这个透明的乡邻社区里，口碑是安身立命的基础。

---

① 虞佳玮. 费孝通《乡土中国》里的浓情[J]. 城市地理，2018（11）：113.
② 张国军，程同顺. 当代西方民主的基础与危机——右翼民粹主义与多元文化主义对抗的政治冲击[J]. 中南大学学报（社会科学版），2019（7）：116-117.
③ 王曙光. 中国农村[M]. 北京：北京大学出版社，2017：152.

在中国传统社会，一个普通人要成为一个名人，个人持续努力和时代提供的机遇都必不可少。当代名人如体育明星、影视明星在多维立体的传播环境下，尤其是现在风起云涌的网络红人通过专业机构等中介运作，在短时间内可以爆红一举成名。与此相反，历史名人品牌不可能突然冒出来，而是会经历一个相对当代名人品牌更长时期的孕育阶段。这个阶段短的十来年，如唐朝文学家、"初唐四杰"之一的王勃在十几岁时就因一首《滕王阁序》名满天下；长的持续几十年，如"唐宋八大家"之一的苏洵带儿子苏轼、苏辙进京应试，其文章获得欧阳修和公卿士大夫争相传诵、文名大盛，年龄已经是四十几岁了。孕育阶段往往处于历史名人的青少年和壮年时期，青少年时期是一个人性格、行为、思想和价值观形成的重要时期，多数历史名人尤其是文学家、思想家、科学家等在青少年时期就有一些有别于普通人的鲜明特点，如思维活跃、求知若渴、叛逆精神、胸怀天下等，并且在乡邻中留下了较好的口碑。这也是历史名人品牌从普通人中脱颖而出的基础。

一、思维活跃

多数历史名人在青少年时期就表现出反应敏捷、思维活跃、能背善诵、聪明伶俐等不同于一般人的特征，正如"司马光砸缸"和"曹冲称象"这类历史名人故事揭示的道理。一些历史名人甚至表现出天资聪颖的特征，李白"少有逸才，志气宏放，飘然有超世之心"（《旧唐书》）；他"五岁诵六甲，十岁观百家，轩辕以来，颇多闻矣，常横经藉书，制作不倦"，"十五观奇书，作赋凌相如。龙颜惠殊宠，麟阁凭天居"（《上安州裴长史书》）。可以说，李白少年即显露才华，吟诗作赋，博学多闻，并好行侠义；到十五岁时，已有诗赋多首，并得到一些社会名流的推崇与奖掖。①苏东坡从小天赋异禀、过目不忘、博闻强记。郭沫若虽不是神童，但在高等小学、嘉定府和成都的中学堂求学期间，只要稍微用功或在喜欢的学科上表现还是优异的；他在日本陌生而局促的环境下破纪录

---

① 王志艳. 寻找李白[M]. 延吉：延边大学出版社，2013：8-10.

地仅用半年时间就考取日本官费留学，也显示出他的聪明才智。①

二、求知若渴

　　许多历史名人自幼就有强烈的求知欲望。与此同时，历史名人青少年时期为了获得知识，不畏艰辛，持之以恒。"凿壁偷光"的典故向人们传播了西汉经学家、丞相匡衡青少年时期为了获得知识永不放弃的精神；"闻鸡起舞"的典故同样传扬了晋朝军事家祖逖和政治家、文学家、音乐家、军事家刘琨青少年时期的刻苦精神。李白、苏东坡、郭沫若青少年时期学习各种知识都很刻苦努力。李白自少年时代起学习内容就很广泛，除儒家经典、古代文史名著外，还遍览诸子百家之书；他很早就喜欢道教，师从当时有名的纵横家赵蕤并深受其著作《长短经》的影响，喜欢隐居山林，求仙学道②。苏轼七岁时开始读书，八岁时入读当地的乡塾，以道士张易简为师；后来苏洵又让苏轼兄弟师从当地名士眉山城西寿昌院州学教授刘微之刘巨、史清卿，苏轼那时已显露出在诗歌创作上的才气。苏轼在学习经传典籍之余，也尝博文广识，懂得栽植松树，接种花果，读医药书籍，并修习琴艺；到十八岁时，苏轼的学识已日益博大，好读史、论史，且喜好道家。③郭沫若从小就对史书感兴趣，自谓少年时代就有历史癖。随着庚子之变，绥山馆私塾先生沈焕章独开风气之先，开始使用上海出版的地理、东西洋史、修身、国文等书作课本。大哥郭开文入成都东文学堂后，不断采购各种新学书籍、报刊寄回家塾，郭沫若大量阅读大哥寄回的启蒙读物，接触新学，开阔视野；大哥又在沙湾倡办蒙学堂，他又接受"储材兴国，富国强兵"的思想。这些知识对郭沫若产生了很大影响，他对新学越来越感兴趣，养成了反抗的性格和爱好文学的倾向。④

---

① 蔡震. 郭沫若的青少年时代[M]. 石家庄：河北人民出版社，2012.
② 于景祥. 李白[M]. 沈阳：辽海出版社，2016：1-5.
③ 莫砺锋，童强. 苏轼[M]. 沈阳：春风文艺出版社，1999：2-10.
④ 张万仪. 故乡与童年的烙印——鲁迅、郭沫若早年经历比较论[J]. 重庆电大学刊，1996（2）：45-48.

三、质疑与叛逆精神

历史名人普遍具有不依附权威的独立思考，不墨守成规，敢于打破传统知识的限制并提出自己创造性的见解。李白青少年时期就具有反抗性格和叛逆精神，渴望个性的自由和解放，对于那些靠着门第荫封而享高官厚禄的权豪势要，他投之以强烈的鄙视，表现出傲岸不屈的性格；他蔑视封建等级制度，不愿阿谀逢迎，也不屑于与俗沉浮。①苏东坡也向来大胆质疑，对前辈对老师尊重但不盲从，在学问上千锤百炼融化为自己血液里的东西。②郭沫若在乐山、成都读书时，不拘个性，常干些离经叛道之事，为反抗旧教育制度和抗议学校及教职员的腐败而多次闹学潮，并当选为学生代表，被学校多次斥退。③尤其是辛亥革命前后在成都读书的三年中，他不断地接受新学思想教育和辛亥革命反帝爱国思想熏陶，在 1912 年所作《感时》诗篇中表达出强烈而鲜明的反帝国主义、反封建礼教思想。

四、积极进取，胸怀天下

一代代文人士子怀揣"修身齐家治国平天下"的道德理想，秉持"先天下之忧而忧，后天下之乐而乐"的政治操守，抱持"为天地立心，为生民立命，为往圣继绝学，为万世开太平"的人生志向，以家庭为根基，以天下为己任，竭诚担当，勤笃作为，谦恭自律，严谨持家，以光耀千秋的道德文章和福泽百姓的勤政善举，书写了绵长醇厚、历久弥新的家国情怀，一生坚持不懈地追求匡济天下、经世济民、自强不息、积极进取的理想。④李白受当时有名的纵横家赵蕤及其著作《长短经》的影响，一心要建功立业，喜谈王霸之道。盛唐国力强盛，多数士人渴望建功立

---

① 王志艳. 寻找李白[M]. 延吉：延边大学出版社，2013：8-14.
② 莫砺锋，童强. 苏轼[M]. 沈阳：春风文艺出版社，1999：2-10.
③ 张万仪. 故乡与童年的烙印——鲁迅、郭沫若早年经历比较论[J]. 重庆电大学刊，1996（2）：45-48.
④ 刘金祥. 中国古代文人的家国情怀[EB/OL]. 中国作家网，http://www.chinawriter.com.cn/n1/2019/0218/c419353-30760202.html.

业，李白以不世之才自居，以"奋其智能，愿为辅弼，使寰区大定，海县清一"的功业自许，一生矢志不渝地追求实现"谈笑安黎元""终与安社稷"的理想。郭沫若胸怀报效祖国的宏伟理想，在成都读书的三年中，他清醒地看到了严重的民族危机，在1912年所作《感时》诗篇中，充满忧愤和激情地表达了对民族危机和人民灾难变得更加深重的深刻认识和要救中国、挽狂澜的决心和信心。在成都亲眼见到、亲身体验保路运动所激荡起来的巨大风潮后，更是积极参与辫子革命。当他1914年到达日本后，面对日本社会发达的现实情景时，强烈地激起内心深处潜在的民族使命感和责任感。[①]

第二节　形成阶段

一、历史名人品牌初步形成

在经历必不可少的孕育阶段后，一些天资聪颖的人物因为各种原因个人品牌停止了发展，过早夭折。如曹冲十三岁病逝，其个人品牌永远停留在"曹冲称象"的故事中；个人的停滞不前和社会环境的影响也会阻碍个人品牌向前发展，如历史上著名的"伤仲永"故事。大部分天资聪颖的人经过自己刻苦钻研与学习、坚持不懈的努力与奋斗，形成了一些轰动性、标志性的事件或作品，并且在较大区域范围内乃至全国逐渐获得认可和持续的广泛传播，历史名人品牌逐渐形成。

其中，当世名人的高度评价对历史名人品牌的初步形成有重要的推动作用。当世名人（包括各个领域的著名人物、帝王将相等）在社会上已经具有较大的知名度和影响力，其一举一动都会受到广泛的关注。获得当世名人的认可，由他们提炼出一些个人品牌符号性元素，并不遗余力地向大众推介，历史名人品牌的知名度会不断扩大。如当世名人对李白、苏东坡的高度评价（见表3-1），无疑为其名人品牌的形成锦上添花。

---

① 孙文刚. 雏凤试声 几声清亮几声拙——论郭沫若少年时代的诗歌创作[J].
郭沫若学刊，2007（2）：85-87.

又如郭沫若《女神》的出版在当时文坛引起巨大的反响，许多当时已有一定知名度的学者和诗人撰写了评论文章。茅盾评价《女神之再生》是"空谷足音"；朱自清评价郭沫若的诗中有两样新东西，都是传统里没有的，即"泛神论，与二十世纪的动的和反抗的精神"[1]；南社柳亚子这位专作旧体诗词的知名诗人也为《女神》写了评论；闻一多深为《女神》的精神打动，接连撰写了两篇评论文章——《〈女神〉之时代精神》《〈女神〉之地方色彩》，对于《女神》的创作提出许多精到的见解。

表 3-1　当世名人对李白、苏轼的评价[2]

历史名人	评价者	评价内容	出处
李白	杜甫	笔落惊风雨，诗成泣鬼神。	《寄李十二白二十韵》
		清新庾开府，俊逸鲍参军。	《春日忆李白》
		李白斗酒诗百篇，长安市上酒家眠。天子呼来不上船，自称臣是酒中仙。	《饮中八仙歌》
	贺知章	"谪仙"	《本事诗》
	韩愈	李杜文章在，光焰万丈长。	《调张籍》
	白居易	又诗之豪者，世称李杜之作。才矣奇矣，人不逮矣。	
	唐文宗	唐文宗御封李白的诗歌、裴旻的剑舞、张旭的草书为"三绝"。	
苏轼	宋仁宗	吾今又为吾子孙得太平宰相两人。	《耆旧续闻》

---

① 蒋登科. 浪漫主义与新诗现代精神的生成[J]. 西南民族学院学报（哲学社会科学版），2000（11）：67.

② 马积高，黄钧. 中国古代文学史（中、下册）[M]. 北京：人民文学出版社，2009.

历史名人	评价者	评价内容	出处
	黄庭坚	挟以文章妙天下，忠义之气贯日月。	《跋东坡墨迹》
	苏辙	其于人见善称之，如恐不及；见不善斥之，如恐不尽；见义勇于敢为，而不顾其害。	《亡兄子瞻端明墓志铭》
	范祖禹	苏轼文章为时所宗，名重海内，忠义许国，遇事敢言。如轼者，岂宜使之久去朝廷？	《宋史全文·卷十三下》
	晁无咎	东坡词，人谓多不谐音律。然居士词横放杰出，自是曲子中缚不住者。	《苕溪渔隐丛话后集》
	宋孝宗	故赠太师谥文忠苏轼，忠言谠论，正朝大节，一时廷臣无出其右。	《御制苏文忠公集序》
	陆游	试取东坡词歌之，曲终觉天风海雨逼人。公不以一身祸福易其忧国之心，千载之下生气凛然。	《老学庵笔记》

二、历史名人品牌形成与传播

（一）帝王将相、相关领域大家等名流的赏识与提携

在古代，有志之士在获取功名的道路上，得到帝王、丞相、相关领域大家等名流的赏识是非常重要的一环；只要有名公重臣大力推荐，朝廷就可以据此任命官职。李白15岁就开始从事社会干谒活动。李白先后谒见宰相张说、玉真公主和其他王公大臣。由于家庭的缘故，李白不能应常举和制举以入仕途，只能走献赋谋仕。李白寻机为玄宗献上著作《明

堂赋》和《大猎赋》，道出自己的政治理想，目的是为了谋求官位和"以大道匡君"的需要，希望能博得玄宗赏识。李白在长安结识了贺知章并呈上自己的诗本，其瑰丽的诗歌和潇洒出尘的风采令贺知章惊异万分，被贺知章称为"谪仙人"。由于玉真公主和贺知章的交口称赞，玄宗看了李白的诗赋，对其十分钦慕，便召李白进宫供奉翰林，职务是给皇上写诗文娱乐，陪侍皇帝左右。[①]李白从此名扬全国。嘉祐元年（1056年），苏轼首次出川赴京，参加朝廷科举考试。益州（今成都）太守张方平（神宗朝时位列宰执），本来与文坛领袖欧阳修政见不合，但为国家荐举人才的一片热心让他摒弃前嫌，举笔致信欧阳修。当时的主考官是文坛领袖欧阳修，小试官是诗坛宿将梅尧臣。二人正锐意于诗文革新，苏轼清新洒脱的文风，一下子把他们震动了。作为文坛领袖的欧阳修不吝惜对苏轼的奖掖和扶持，苏轼一时声名大噪，每有新作，立刻就会传遍京师。[②]

（二）和当世名人的唱和与争鸣

源于求知若渴的性格，后来者带着仰慕的心态向已经成名的历史名人学习和请教，希望获得提携；源于叛逆的性格，后来者又敢于在前辈面前表达自己的见解和思想，与已成名者展开争鸣。

文学艺术领域和思想教育领域的历史名人惺惺相惜、互相唱和、百家争鸣的例子不胜枚举。李白性情豪爽、行侠仗义、朋友众多，而且朋友圈多是当时知名诗人，与这些诗人的互相唱和同时也扩大了李白的知名度。李白与比自己小十一岁的杜甫是好朋友，李白曾多次为杜甫写诗，如《沙丘城下寄杜甫》《鲁郡东石门送杜二甫》。杜甫也给李白写过诗，如《梦李白》《赠李白》《春日忆李白》等。孟浩然比李白大，公元725年两人相遇成为知己，分手时李白写下了千古流传的《黄鹤楼送孟浩然之广陵》。两位"七言绝句"领域的佼佼者李白和王昌龄，公元739年在湖南岳阳相遇，王昌龄写下了《巴陵送李十二》。后来，王昌龄被贬，李

① 王志艳. 寻找李白[M]. 延吉：延边大学出版社，2013.
② 于景祥. 苏轼[M]. 沈阳：辽海出版社，2012.

白写下了《闻王昌龄左迁龙标遥有此寄》一诗。李白与贺知章也有共同的兴趣爱好，就是喝酒和作诗，李白为贺知章写过诗，如《对酒忆贺监二首并序》。公元760年李白在奔赴夜郎的途中，在馀干（今余干县）与"五言长城"刘长卿相遇，分别时刘长卿送给李白一首《将赴南巴至馀干别李十二》。公元744年，高适与一起游玩的李白、杜甫相遇，三人结伴游历山水，寻访夷门，后直达宋州梁园。诗人魏万现仅存诗一首，就是写给李白的《金陵酬李翰林谪仙子》。[①]到了现代，与当时社会知名人物论战也是一时风气。《创造》季刊出版后，创造社的郭沫若、郁达夫对文学研究会作家沈雁冰、郑振铎的反驳，在两个文学社团之间展开了一场论争。[②]1922年8月，因为郁达夫在《创造》季刊上的一篇文章《夕阳楼日记》，大名鼎鼎的胡适和创造社之间展开了一场激烈争论，后来成仿吾、张东荪、徐志摩等人都被卷了进来。[③]

与时人唱和、论战都会在一定程度上提升历史名人的知名度。

（三）四处游历或为官

历史名人在游历或为官的过程中，在名山大川、楼堂馆所及为政、旅居之地留下了大量的作品、遗迹和遗物，成为当地人民争相目睹、传颂之物，对历史名人品牌在全国范围内的广泛传播起到了推波助澜的作用。李白24岁离开故乡而踏上远游的征途，游成都、峨眉山，然后舟行东下至渝州；25岁出蜀，"仗剑去国，辞亲远游"，到全国各地漫游，足迹北达太原，东至齐鲁，南到吴越，浮洞庭，上匡庐，遍历金陵、武昌、扬州、长安、洛阳等地，写下了大量诗篇，名扬海内外。苏轼在文学上的成就极高，但其仕途却极其不顺，尽管年少高中、名满天下，但为官生涯多次被贬，到多地任职，留下了大量诗词、画作、美食以及遗迹遗

① 佚名. 李白朋友圈中的诗人原来这么多[EB/OL]. 文博天下, https://baijiahao. baidu.com/s?id=1609674042966068136&wfr=spider&for.
② 杨武能. 施笃姆的诗意小说及其在中国之影响[J]. 外国文学研究, 1986 (4): 7-11.
③ 王长征. 策略与认同——现代传媒与创造社"异军突起"[D]. 青岛：青岛大学, 2009.

物，烙下了东坡品牌深深的痕迹。①在全国各地的游历和为官经历也在一定程度上拓展了历史名人品牌传播的范围，充实了历史名人的品牌形象。

（四）当世作品集传播

一些文学、历史、思想、教育领域的历史名人过世后，其当朝的朋友或后人常出于怀念或敬仰的心情，把他们的作品编纂成册，向社会广为传播。

有关李白作品被发现的最早的书籍是四川江油李白纪念馆收藏的在敦煌石窟中找到的唐代手抄本李白诗词。唐代宗宝应元年（762），李白一病不起，将自己的诗文草稿交给叔父李阳冰，请他编辑作序；后来李阳冰将其诗文辑成《草堂集》十卷，并为之作序。唐代诗人、李白友人魏颢（万）辑《李翰林集》并为之作序，共三十卷。

苏轼文在宋代就有多种刊本，最早的选本是南宋邱晔的《经进东坡文集事略》六十卷，还有王十朋《集注分类东坡诗》二十五卷，施元之、顾禧《注东坡先生诗》四十二卷，《四部丛刊》影宋刊本。苏轼的诗文集编撰最全的为一百一十卷《东坡七集》，包括《东坡集》四十卷、《东坡后集》二十卷、《东坡奏议》十五卷、《东坡外制集》三卷、《东坡内制集》十卷、《东坡应诏集》十卷、《东坡续集》十二卷，基本上包括了他的诗、词、散文、书简等。其弟苏辙撰有《东坡先生墓志铭》，宋人王宗稷有《东坡先生年谱》，均附载于《苏东坡集》。除此之外，还有《东坡易传》《东坡乐府》《书传》《论语传》和《东坡志林》等。

出版著作及作品集是一种古已有之的传播方式，到了民国时期由于现代出版业开始兴盛，这种传播方式的影响范围和影响力度比历史上任何时期都要大得多。郭沫若1920年出版了与田汉、宗白华的通信合集《三叶集》；1921年8月，作为创造社丛书第一种的诗集《女神》由泰东书局出版。创造社时期的郭沫若还出版了《星空》（诗歌散文集）、《塔》（小说戏剧集）、《文艺论集》等著作。1926年，郭沫若的第一部戏剧集——《三

---

① 莫砺锋，童强. 苏轼[M]. 沈阳：春风文艺出版社，1999.

个叛逆的女性》在上海出版，其中包括《卓文君》《王昭君》和《聂莹》三个剧本。在日本长达十年的流亡生活期间，郭沫若写作和出版了大量著作，如文字和历史研究方面的《中国古代社会研究》《甲骨文字研究》《卜辞通纂》等，《漂流三部曲》等小说，诗集《星空》《瓶》《前茅》《恢复》等。抗战期间郭沫若写作和出版了《棠棣之花》《屈原》《虎符》《孔雀胆》《南冠草》《高渐离》等六部充分显示浪漫主义特色的历史剧。

（五）近现代历史名人品牌报刊传播

民国时期，报刊作为一种传播方式也开始走上主流媒体舞台，这一形式超越了古代其他传播方式、传播速度和传播范围，加速促进了沫若品牌的形成。民国时期国内较为有名的报纸《时事新报》副刊"学灯"发表过很多郭沫若作品，如其早期留学日本写的《天狗》等。1921年创造社成立后，《创造》季刊、《创造周报》《创造日》日刊相继创刊，郭沫若在这些报刊上发表了大量文章。郭沫若和创造社搅动了"浪漫主义风潮的确有点风靡全国青年的形势，狂风暴雨差不多成了一般青年常习口语"[①]。

第三节　成长阶段

一、后世名人高度评价

在我国传统社会，由于传播环境的限制，传播媒介缺乏，传播手段效率不高，与现代名人品牌相比，历史名人品牌成长非常缓慢。历史名人过世后，在后继朝代持续不断的传播中，尤其是通过后世名流正面、高度的评价，历史名人品牌符号不断得到充实和完善，并进一步获得固化，其中一些更是千古流传、流芳百世。唐代一些著名诗人的名字和称号有了唯一性、独占性的定位，如"诗仙"李白、"诗圣"杜甫、"诗鬼"

---

① 符杰祥. 论左翼浪漫主义文学思潮的青春文化品格[J]. 东方论坛（青岛大学学报），2000（2）：63-67.

李贺、"诗佛"王维、"诗魔"白居易、"诗骨"陈子昂、"诗杰"王勃、"诗囚"孟郊、"诗奴"贾岛、"诗豪"刘禹锡等。因为苏轼在诗、词、散文、书、画等方面的成就，逐渐形成了一些约定俗成的品牌符号，在诗歌领域与黄庭坚并称"苏黄"，在词作领域与辛弃疾并称"苏辛"，在散文领域与欧阳修并称"欧苏"，在绘画领域称为"宋四家"之一。提到郭沫若，人们首先会想到中国新诗重要奠基人、历史学家、古文字学家、剧作家等众多个人品牌符号。

表 3-2　后世名人对李白、苏轼的评价[①]

历史名人	评价者	评价内容	出处
李白	苏轼	李太白、杜子美以英玮绝世之姿，凌跨百代，古今诗人尽废。然魏、晋以来，高风绝尘亦少衰矣。	《书黄子思诗集后》
	辛弃疾	当年官殿赋昭阳，岂信人间过夜郎。明月入江依旧好，青山埋骨至今香。	《忆李白》
	严羽	李、杜二公，正不当优劣。……子美不能为太白之飘逸。太白不能为子美之沉郁。	《沧浪诗话》
	傅若金	太白天才放逸，故其诗自为一体。子美学优才赡，故其诗兼备众体。	《清江集》
	杨慎	李太白为古今诗圣。	《周受庵诗选序》
	高棅	太白天仙之词，语多率然而成者，故乐府歌词咸善……虽少陵犹有让焉，余子琐琐矣。	《唐诗品汇》
	王世贞	五七言绝句，李青莲、王龙标最称擅场，为有唐绝唱。少陵虽工力悉敌，风韵殊不逮也。	《艺苑卮言》

---

① 马积高，黄钧. 中国古代文学史（中、下册）[M]. 北京：人民文学出版社，2009.

历史名人	评价者	评价内容	出处
苏轼	王若虚	公雄文大手，乐府乃其游戏，顾岂于流俗争胜哉？盖其天资不凡，辞气迈往，故落笔皆绝尘耳。	《滹南诗话》
	元好问	自东坡一出，性情之外，不知有文字，真有"一洗万古凡马空"气象。人有言，乐府本不难作，从东坡放笔后便难作。	《遗山文集卷·新轩乐府引》
	王士祯	汉魏以来，二千余年间，以诗名其家者众矣。顾所号为仙才者，唯曹子建、李太白、苏子瞻三人而已。	《带经堂诗话》
	袁枚	有才而无情，多趣而少韵：由于天分高，学力浅也。有起而无结，多刚而少柔：验其知遇早晚景穷也。	《随园诗话》
	沈曾植	东坡以诗为词，如雷大使之舞，虽极天下之工，要非本色。	《菌阁琐谈》
	王国维	以宋词比唐诗，则东坡似太白，欧、秦似摩诘，耆卿似乐天，方回、叔原则大历十子之流。	《人间词话》

二、历史名人品牌成长与传播

（一）后世作品集及传记传播

历史名人过世后，后继朝代的文人和史家担负起传播知识和传承文化的重任，他们攒聚前世文学家、思想家的作品，书写前世名人的传奇和故事，宣扬前世名人的精神与功劳。在唐朝以后，宋元明清各朝代都有李白的作品或传记出版，宣扬历史名人李白的作品及其事迹。四川江油李白纪念馆内收藏有元、明、清李白著述版本 80 部、700 册。宋朝以后，元明清各朝代都有苏轼的作品或传记出版，宣扬历史名人苏东坡的作品及其事迹，眉山三苏祠内馆藏有历代刻印的三苏文集及有关古籍 3256 件（册）。

表 3-3　宋元明清部分李白、苏轼作品集及传记[①]

历史名人	编者及品牌符号	史籍著作	朝代
李白	刘昫、赵莹	《旧唐书·列传第一百四十·文苑下·李白传》	后晋
	宋祁、欧阳修、范镇等	《新唐书·列传一百二七·文艺中·李白传》	北宋
	宋敏求	增补刻本《李太白文集》三十卷	北宋
	杨齐贤	《李翰林集》	南宋
	文莹	《湘山野录》卷上	北宋
	辛文房	《唐才子传·李白》	元
	王琦	《李太白诗集注》三十六卷	清
苏轼	叶曾	东坡乐府（苏轼词集）、云间南阜书堂刻本（今存最早版本）	元
	陈秀明	《东坡诗话录》	元
	程宗	《苏文忠公全集》一百一十二卷（包括《东坡集》四十卷、《东坡后集》二十卷、《奏议集》十五卷、《内制集》十卷、另附《乐语》一卷、《外制集》三卷、《应诏集》十卷、《东坡续集》十二卷及《年谱》一卷）	明
	郑郿	《考定苏文忠公年谱》	明
	茅维	《苏文忠公全集》七十五卷本	明

① 马积高，黄钧. 中国古代文学史（中、下册）[M]. 北京：人民文学出版社，2009.

历史名人	编者及品牌符号	史籍著作	朝代
苏轼	毛晋	《宋名家词》(《六十名家词》) 钱塘汪氏刻本	明
	缪荃孙	《东坡七集》缪荃孙校刊本	清
	朱孝藏	《疆村丛书》中的编年校注《东坡乐府》	清
	查慎行	《补注东坡编年诗》五十卷	清
	冯应榴	《苏文忠诗合注》五十卷、《苏文忠年谱合注》	清
	王文诰	《苏文忠公诗编注集成》	清

（二）以楼堂馆所和名山大川为载体的传播

在我国古代，有关前世历史名人的纪念物主要是故居、纪念历史名人的楼堂馆所、历史名人墓地及其相关遗物等，这些缘起于历史名人的楼堂馆所成为后世人们纪念和瞻仰前辈先贤的地方，也是历史名人文化传播传承和品牌发展进化的载体。作为中国历史文化名楼的山东济宁太白楼，建于唐朝，宋、元、明、清各朝均对此楼进行过整修，是李白把酒会友、体察社会、挥洒诗篇的历史见证，也是那个时代特有的文化符号。以此为基地，李白曾隐居徂徕山"竹溪佳境"，结交当地名士孔巢父、韩准、裴政、陶沔、张叔明，时号"竹溪六逸"；李白在此留下了 50 多首诗篇和不可多见的书法真迹。济宁太白楼历史影响深远，唐朝以来历代文人墨客的赞词诗赋 260 多篇，题咏作者达 200 余人；藏有乾隆皇帝《登太白楼》等刻石碑碣 50 余方。尤其是元代京杭大运河改道济宁后，济宁成了"南通江淮、北达幽燕"的水上交通枢纽，运河北岸的太白楼作为特殊的历史文化遗存，成为江北最具影响力的名胜。当时的官员驻节济宁或者路过济宁时，下船以后由南门登临运河北岸的太白楼，并借此抒发对李白的怀古之情，成为一种风尚，如康熙皇帝、乾隆皇帝、李如圭（明代工部、户部尚书）、潘季驯（明代水利学家、工部尚书兼右都御史）、何出光（明代监察御史）、汪邦柱（明代湖广武昌道右参议）、靳辅（清代大臣、水利工程专家）、叶方恒（清代官吏、诗人）、完颜伟（清代浙江按察使、江南河道总督）、林则徐（清代政治家、文学家、民族英雄）等名流纷至沓来，为后世留下了大量作品和遗迹。①位于安徽马鞍山市当涂县太白镇太白村的李白墓园始建于唐朝，有牌坊、太白碑林、眺青阁、太白祠、李白墓、十咏亭、青莲书院、盆景园等景点，李白墓完整地保存了唐代名人墓葬形制，太白祠、享堂集中展现了明清宗族祠堂的建筑风格，"宋碑"则详细记载了李白生平身世和诗歌成就，"太白碑林"镶嵌着著名书法家书写的李白各个时期经典诗碑，也成了后世瞻仰和纪念大诗人的地方。②四川眉山市三苏祠是北宋著名文学家苏洵、苏轼、苏辙的故居，明代洪武元年（1368）改宅为祠祭祀三苏。三苏父子以其卓越的创造才能和辉煌的文学成就而享誉中外，三苏祠也成为宋代以后蜀中最负盛名的人文景观，祠内珍藏和陈列有三苏父子的大量手迹、各种印版和拓版的诗文字画等文物和文献，迄今馆藏文物共有 5188 件，其中历代刻印的三苏文集及有关古籍 3256 件（册），字帖拓片 578 件，明清及近现代书画 1044 件，陶瓷及其他类 352 件，碑亭收藏 68 种 145 通碑刻，数以千计的匾联书画等文物珍品等。③自宋朝以来，三苏祠一直是文人墨客、达官显贵和广大民众拜祭圣贤的聚集场所，如陆游、宋祁、范成大、黄庭坚、李龙眠、李齐贤、张鹏翮、张之洞、卓秉恬、梁章钜、何绍基、赵藩、刘锡嘏、向楚、刘孟伉、林森等后世历史名人慕名而来，留下了大量诗词歌赋、刻石碑碣、楹联墨迹，三苏祠也成为中华优秀传统文化传承和传播的集聚地。

"山不在高，有仙则名"，古代的文人墨客、达官名流等历史名人热爱祖国，往往寄情于祖国的大好河山，流连泼墨于一些知名的楼堂馆所

---

① 济宁太白楼[EB/OL]. 中国文物学会历史文化名楼，https://baijiahao.baidu.com/s?id=1657226157767859470&wfr=spider&for=pc.

② 李白墓[EB/OL]. 百度百科，https://baike.baidu.com/item/李白墓/806956?fr=aladdin.

③ 三苏祠博物馆[EB/OL]. 百度百科，https://baike.baidu.com/item/三苏祠博物馆/5204412?fr=aladdin.

和名山大川，留下大量作品、遗物和遗迹。这些公共的楼堂馆所和名山大川和历史名人品牌协同进化，互相增辉，名闻天下，吸引了越来越多的参访者和拜谒者，成了历史名人品牌和中华优秀传统文化传播的超级载体，如在李白等古代诗人的作品中屡屡出现的黄鹤楼、越王楼、峨眉山、敬亭山等。始建于三国时代吴国的湖北武汉黄鹤楼，自修建以来逐渐成为历朝历代官商行旅"游必于是""宴必于是"的观赏楼，居"江南三大名楼"（黄鹤楼、岳阳楼、滕王阁）之首，自古享有"天下江山第一楼"和"天下绝景"之称。历代文人墨客在此留下了许多千古绝唱，仅旧志中收录的诗文就多达近 400 多篇（首），如唐代诗人崔颢在此写下《黄鹤楼》，李白在此写下《黄鹤楼送孟浩然之广陵》《望黄鹤楼》《与史郎中钦听黄鹤楼上吹笛》，王维在此写下《送康太守》，黄鹤楼由此闻名遐迩，成了中华民族文化传承和传播的载体。①越王楼是唐太宗李世民第八子越王李贞任绵州刺史时所建，其修建完工后天下文人雅士纷至沓来，挥毫泼墨，留下了无数千古传颂的经典诗篇，历代诗人题咏越王楼诗篇多达150 余篇，可谓"一座越王楼，半部中国文学史"。唐、宋、元、明、清历代画家也多有描绘越王楼的精美画卷。作为闻名天下的道教名山和佛教名山，峨眉山滋养了大批宗教领域的历史名人，吸引了大批布道问道的历史名人，如高僧慧持、宝掌和尚、阿罗婆多尊者、淡然大师、明果大师等及天真皇人、轩辕黄帝、葛由、陆通、司徒玄空、孙思邈、皇甫坦等。峨眉山也经常出现在文人墨客的笔端，吸引了更多文人雅士前来游山玩水，留下名作，如扬雄、李白、杜甫、岑参、薛涛、贾岛、王勃、韦应物、司空曙、薛逢、苏洵、苏轼、苏辙、范成大、黄庭坚、魏了翁、邵伯温、宋祁、韩驹、杨慎、王士祯、李调元、张问陶等。峨眉山逐渐成为闻名全国的文化名山、游览胜地和文化传播平台。南北朝时期南齐谢朓作《游敬亭山》和唐朝李白作《独坐敬亭山》诗篇传颂后，敬亭山声名鹊起。继谢李之后，白居易、杜牧、韩愈、刘禹锡、王维、孟浩然、李商隐、颜真卿、韦应物、陆龟蒙、苏轼、梅尧臣等也慕名登临，吟诗

① 武汉地方志编撰委员会. 武汉史志·文物志[M]. 武汉：武汉大学出版社，1990.

作赋，绘画写记。明末清初画僧石涛更是驻锡敬亭山脚下的广教寺，以敬亭风光为背景，留下名作《石涛罗汉百开册页》。①

（三）轶事典故、传世成语传播

我国传统社会的知识分子在做文章的时候很讲究用典，有关历史名人的典故被文人墨客的作品大量引用，逸闻趣事成为文人雅士间津津乐道的话题，一些传世成语成为书院教育和家庭教育的经典内容。这些轶事典故、传世成语、熟语代表着历史名人的精气神，凝结着中华优秀传统文化的智慧，在历史上传播广泛且经久不衰。

表 3-4　与李白、苏轼相关的轶事典故、传世成语和熟语

历史名人	轶事典故	传世成语、熟语
李白	姓名由来、身世之谜、祖籍迷雾、生死考证、李白（黄鹤楼）搁笔、重访江东、汪伦之情、献赋谋仕、供奉翰林、李杜相识、安史入幕	青梅竹马、两小无猜、浮生若梦、扬眉吐气、东家西舍、仙风道骨、西方净土、浪迹天涯、功名富贵、势成骑虎、抽刀断水、刻骨铭心、杀人如麻、惊天动地、西风残照、卓绝千古、斗酒百篇、钟鼓馔玉、骑虎难下、壶中日月、清新俊逸、银河倒泻、九天揽月、别有洞天、回山转海
苏轼	道化童蒙、应考趣闻、程苏结怨、佛寺趣事、雷州西湖、吟诗赴宴、美食大家、东坡肉、东坡至宝	雪泥鸿爪、河东狮吼、胸有成竹、出人头地、取之不尽用之不竭、水落石出、明日黄花、坚忍不拔、海屋筹添、沧海一粟、天涯芳草

---

① 佚名. 敬亭山上诗意浓[N]. 安徽日报，2019-09-21，第 8 版.

第四节　扩散阶段

在现代社会立体传播环境下，传播媒体日益多样化，传播方式日益丰富多彩，传播印象日益深入，义务教育普及后公众知识水平提升导致传播对象日益大众化，传播范围日益扩大化，历史名人品牌在大范围内迅速传播，进入了急剧扩散阶段，在成长阶段逐渐获得固化的历史名人品牌符号内涵不断得到充实，品牌形象日益丰富多彩。

一、出版物传播

（一）报刊传播范围扩大

随着新中国教育体系的全面建立和扫盲运动的开展，我国的识字人数逐渐增多，虽然在新中国成立后30年内我国报刊发行种类和数量没有爆发性增长，但阅读报刊的人数却增加了，报刊的传播范围明显扩大了。改革开放后，我国报刊发行种类和数量出现了爆发性增长。各种报刊上介绍和挖掘历史名人如李白、杜甫、苏轼、武则天、诸葛亮等的趣闻轶事、历史足迹、人生历程、作品解读的大众性文章、文学性文章、历史性文章越来越多。新中国成立后，郭沫若作为知名文人和国家领导人，其作品及轶事经常在报刊上出现。一些研究郭沫若其人其文的文章越来越多地出现在报刊上，还出现了《郭沫若学刊》这样专门研究郭沫若的刊物。

（二）相关图书大量出版

中华人民共和国成立后尤其是改革开放以来，随着国民经济持续发展、出版业日益兴盛、人民群众的文化生活需要不断增长，大量与历史名人有关的各类图书相继出版。一是历史名人的各类作品不断再版，如截止到2019年年底，在读秀网上搜到的李白的作品集有556种；苏轼作品集有792种；与郭沫若有关的作品集及著作包括新中国成立前一些作品的再版和中华人民共和国成立后新作品出版，其中《郭沫若全集》38

卷，《郭沫若文集》35 种，《郭沫若作品集》82 种。二是出版的历史名人传记版本繁多，如截止到 2019 年年底在读秀网上搜到的李白的传记类著作 271 种；苏轼的传记类著作 378 种；郭沫若的传记类著作 96 种，《郭沫若传》有 19 种之多。三是研究历史名人生平、事迹及其作品的著作也越来越多，如截止到 2019 年年底在读秀网上搜到的专门研究李白生平、事迹及其作品的中文图书有 736 种；专门研究苏轼生平、事迹及其作品的中文图书有 1148 种；专门研究郭沫若生平、事迹及其作品的中文图书有 1007 种。

（三）教材传播

教材作为一种特定传播方式效果显著。一些文学家、诗人、词人、散文家的经典作品被选入了各个时期、各种版本的语文教材；一些思想教育领域历史名人的思想和理论被融合进学校的文化和思想教育课程；一些有重大影响的历史名人的事迹和贡献多被记录在历史教材中；还有部分历史名人的事迹进入了各地的乡土教材。如李白的诗入选人教版小学语文教材的有《静夜思》《夜宿山寺》《望庐山瀑布》《赠汪伦》《望天门山》《早发白帝城》《古朗月行》《秋浦歌》《独坐敬亭山》《黄鹤楼送孟浩然之广陵》等，入选人教版初中语文教材的有《闻王昌龄左迁龙标遥有此寄》《春夜洛城闻笛》《峨眉山月歌》《渡荆门送别》《送友人》《行路难》《宣州谢朓楼饯别校书叔云》《月下独酌》等，入选人教版高中语文教材的有《送别》《将进酒》《送綦毋潜落第还乡》《渭川田家》《青溪》等。苏轼的诗词入选人教版小学语文教材的有《惠崇春江晚景》《题金山寺》《题西林壁》《饮湖上初晴后雨》等，入选人教版初中语文教材的诗词、散文有《记承天寺夜游》《和子由渑池怀旧》《江城子·密州出猎（老夫聊发少年狂）》《江城子·乙卯正月二十日夜记梦（十年生死两茫茫）》《水调歌头·明月几时有》《浣溪沙·山下兰芽短浸溪》《蝶恋花·花褪残红青杏小》等，入选人教版高中语文教材的诗词、散文有《石钟山记》《赤壁赋》《念奴娇·赤壁怀古》《兰亭集序》等。

二、现代多维纪念物传播

随着经济发展和科学技术及建造技术的进步，现代社会有关历史名人的纪念物越来越多，以立体化的纪念展示形式呈现，既有纪念馆、故居（旧居）、墓冢和纪念地名（广场、道路）、雕像、书法题词等传统形式纪念物，也有纪念邮票、纪念奖项节庆、纪念学校机构等现代形式纪念物。在具体内容的展示模式上，从以静态的作品、遗迹和遗物为主的展示，逐渐过渡到以基于4G、5G网络的互联网技术、3D技术等现代信息技术为主的立体动态展示模式。

表 3-5   与李白相关部分纪念物

纪念物类型	具体内容
纪念楼堂馆所	四川省江油市：李白纪念馆、李白文化中心、青莲国际诗歌小镇、李白艺术中心、太白楼
	山东省济宁市：李白纪念馆、太白楼、李白寓所
	湖北省安陆市：李白纪念馆、白兆山李白文化旅游区、李太白诗廊
	安徽省马鞍山市：李白纪念馆、太白楼、李白墓
	安徽省黄山市：太白楼
	吉尔吉斯斯坦：李白故居
纪念地名（广场、道路、建筑物）	四川省江油市：太白广场、李白大道、诗仙路、天姥路、双凤路、大鹏路
	山东省济宁市：太白广场、太白路、太白国际、太白湖
	陕西省西安市：李白醉卧像、李白桥、李白问道景点
	四川省乐山市：太白路、井研县太白冲
	湖南省常德市：李白溪村、李白港路
	四川省德阳市：李白广场
	广东省广州市：李白巷
	江西省进贤县、江苏省常熟市、湖南省浏阳市、山西省阳泉市：李白路

纪念物类型	具体内容
雕像	新疆维吾尔自治区乌鲁木齐市：人民公园；四川省乐山市：新广场；安徽省宣城市：敬亭山；陕西省西安市：兴庆官公园；甘肃省秦安县：凤山景区
纪念邮票	台湾地区（1967）：《中国诗人》（4枚，其中2元面值为李白）
	台湾地区（1980）：《中国民间故事》（首枚1元面值"磨杵成针"）
	中国邮政（1983）：《中国古代文学家》（第一组4枚，首枚为李白）
	中国邮政（1994）：《长江三峡》（10分面值的为《白帝城》）
	中国邮政（2009）：《唐诗三百首》（6枚，首枚是《下江陵》）
	联合国（2015）：《世界诗歌日》（6个小全张，《静夜思》在其中）
纪念奖、节庆	安徽省马鞍山市：李白诗歌节
	四川省绵阳市：李白诗歌奖、李白文化创意产品设计大赛
	湖北省安陆市：李白文化旅游节、"李白杯"全国诗歌散文大赛
纪念学校	四川江油太白小学、湖南常德慈心李白溪学校
	四川江油太白中学、陕西宝鸡太白中学

三、影视传播

影视传播包括电视纪录片、电视剧、电影、话剧等，是视听合一的传播，能够进行动态演示，直观性强，有较强的冲击力和感染力；影视传播话题性强，影响面广，超越了读写障碍，无须对观众的文化知识水准有严格的要求，成为现代社会流行的一种大众传播媒介。关于历史名人的电视纪录片很多，如跟李白相关的纪录片有《飘然太白》《剑仙李白》《东方小故事》《诗仙李白》《李白》等；跟郭沫若相关的纪录片有《郭沫若》（24集）、《郭沫若》（9集）、《建国后的郭沫若》《神州纪事：走进郭沫若》《阳光文化之百年婚恋：郭沫若》《人艺名家：郭沫若》《20世纪中国文化名人：郭沫若》《百年巨匠：郭沫若》等。电视剧、电影有直接以历史名人为主题的，如以苏轼为主题的电视剧就有《千古风流苏东坡》《风流才子苏东坡》《苏东坡》等好几部；有其他主题的电视剧电影中涉及历史名人大量内容的，如《三国演义》中的诸葛亮，《唐明皇》《杨贵妃》《杨贵妃秘史》等电视剧电影中的李白，《戎马书生》《重庆谈判》《东方》等电视剧、电影中的郭沫若。

四、历史名人研究机构传播

专业的历史名人研究机构通过组织学术研讨会、学术年会等形式，并编辑出版学术论文集、学术专刊，建立历史名人资料中心，在专家、学者以及研究和教学工作者之间进行学术交流和传播。李白专业研究机构主要有中国李白研究会、马鞍山李白研究所、四川李白文化研究中心、四川李白研究会、济宁市李白文化研究会、济宁市李白学会等；中国李白研究会定期出版《李白学刊》和不定期出版《中国李白研究》辑刊。苏轼的专业研究机构主要有中国苏轼研究学会、河北苏东坡文化艺术研究院、苏轼研究协会、四川大学苏轼研究中心、中国矿业大学苏轼研究院、华夏东坡文化研究会、广东省苏东坡文化研究会、眉山东坡文化研究会、常州市苏轼研究会、黄冈东坡文化研究会、儋州东坡文化研究会、博罗县东坡文化研究会等；中国苏轼研究学会、中国人民大学文学院不定期出版《中国苏轼研究》辑刊。郭沫若专业研究机构主要有中国郭沫若研究会、四川郭沫若研究中心、四川郭沫若研究会、山东省郭沫若研究会、国际郭沫若研究会（IGMA）和日本郭沫若研究会等；中国郭沫若研究会不定期出版《郭沫若研究》辑刊，四川郭沫若研究中心定期出版《郭沫若学刊》。

五、互联网传播

进入21世纪后，我国互联网发展迅速，网络在传播中发挥了重要作用。在网上可以搜索到大量历史名人相关的信息，如使用"百度搜索"，时间设定为至 2019 年年底，输入关键词"李白"，找到相关网页约 56 600 000 个；输入关键词"苏轼"，找到相关网页约 50 300 000 个；输入关键词"郭沫若"，找到相关网页约 35 800 000 个。一些知名历史名人籍贯地、出生地、为官地、旅居地、安葬地等地方政府部门、历史名人纪念馆建立了专门面向公众宣传和纪念历史名人的网站，历史名人研究机构建立了面向专家、学者的专门网站。如四川省绵阳市、山东省济宁市、安徽省马鞍山市等地的李白纪念网站和李白文化研究网站；四川省成都市和眉山市、湖北省黄冈市、广东省惠州市等地的苏轼纪念网站和苏轼文化研究网站；四川省乐山市和北京市的郭沫若纪念网站和郭沫若研究网站。一些大型门户网站如腾讯、网易、新浪、新华网、中国新闻网等建有一些代表性历史名人的专门网站（网页），如中国李白网、东坡文化网。一些专业性网站如中国诗歌网、国学网、中国作家网、中国科学网等也有专门网页，如国学网下的"苏轼研究"。以中国知网为代表的文献检索网站对历史名人品牌传播也起到了重要作用，如在中国知网文献检索中将时间设定为至 2019 年年底，输入关键词"李白"，以"主题"方式搜索到 13 963 条，以"篇名"方式搜索到 5718 条；输入关键词"苏轼"，以"主题"方式搜索到 15 352 条，以"篇名"方式搜索到 6748 条；输入关键词"郭沫若"，以"主题"方式搜索到 14 280 条，以"篇名"方式搜索到 9070 条。

第五节　初步结论

一般品牌的生命周期包括导入期（孕育期）、形成期（知晓期）、成长期（知名期）、成熟期（完善期）、衰退期（退出期）等几个阶段。历史名人品牌作为一种特殊品牌，其发生发展历程既要遵循品牌发展的一般规律，也会凸显出与之不同的独特性。通过对李白、苏轼和郭沫若三位不同时代的文学巨匠和其他历史名人品牌形成和发展全过程的研究，发现历史名人品牌发展经历了孕育阶段、形成阶段、成长阶段和扩散阶段等几个阶段，不存在一般品牌的衰退阶段。在中国传统社会，一个普通人要成为一个名人，个人持续努力和时代提供的机遇都必不可少，受限于生产力发展水平、传播媒介和传播手段发展水平和人民受教育水平，历史名人品牌的形成和发展非常缓慢，往往会经历一个较长时期，甚至跨越数个朝代。

历史名人品牌不可能像一些现代名人品牌在互联网和"病毒式传播"推动下一夜爆红，而是会经历一个相对更长时期的孕育阶段，这个阶段短的持续十来年，长的持续几十年；孕育阶段往往处于历史名人的青少年和壮年时期，青少年时期是一个人性格、行为、思想和价值观形成的重要时期，多数历史名人尤其是文学家、思想家、科学家等在青少年时期就有一些有别于普通人的鲜明特点，并且在乡邻中留下了较好口碑，从普通人中脱颖而出继续进化。一部分天资聪颖的人物因为疾病、停滞不前和社会环境的影响等各种原因个人品牌停止发展；大部分天资聪颖的人经过自己刻苦钻研与学习、坚持不懈的努力与奋斗，形成了一些轰动性、标志性的事件或作品，首先获得当世名人的认可并由他们提炼出一些个人品牌符号性元素，在较大区域范围内乃至全国逐渐获得认可和持续的广泛传播，历史名人品牌发展进入形成阶段。历史名人过世后，在后世持续不断的传播中，尤其是经过后世名流正面、高度的评价，历史名人品牌符号不断得到充实和完善，并进一步获得符号固化，其中一些更是千古流传、流芳百世，历史名人品牌发展进入成长阶段。在现代社会立体化传播环境下，传媒形式日益多样化，给传播对象的印象日益深入，义务教育普及后公众知识水平提升导致传播对象日益大众化，传播范围日益扩大化，历史名人品牌在大范围内迅速传播，在成长阶段逐渐获得固化的品牌符号内涵不断得到充实，品牌形象日益丰富多彩，历史名人品牌发展进入了急剧扩散阶段。历史名人文化已经成为中华文化的重要组成部分，深深植入了中国人民的文化记忆和基因中；历史名人品牌已经成为中华优秀传统文化传播传承的重要载体，浸润在劳动人民生产生活的方方面面。因此，历史名人品牌没有衰退阶段，这是和一般品牌比较最大的不同。

历史名人品牌发展要经历孕育阶段、形成阶段、成长阶段和扩散阶段等几个阶段只是一般规律，具体到个体历史名人品牌经历的发展阶段的时间长短和具体情形也不一样，在成名前的孕育阶段品牌发展可能突然中断，在品牌形成和发展阶段可能存在波折。名声不够显著的大量地方历史名人，其品牌发展的轨迹可能比较模糊，其时代价值挖掘不够充分，从现实来看其品牌传播在更大范围内的大众层面上存在声名不显的情况，狭窄领域所具有的品牌美誉度无法向大众层面扩展。因此，亟须对大量地方历史名人品牌进行深入、广泛的挖掘和商业开发，科学延伸到商业领域并充分利用商业品牌尤其是名牌的传播功能，从大众传播向强调广度、深度的品牌传播扩散，全面厘清和规划历史名人品牌商业化战略。

第四章

历史名人品牌价值、特征与类型

　　历史名人历经我国传统社会千百年来的持续传播和现代社会立体多维的全面传播，已经融入社会成为随处可见的符号和品牌；尤其是那些国际性、全国性历史名人，已经发展成为一种超级符号和超级品牌，成为广大人民群众烂熟于心、津津乐道、亲切无比的大众符号，是蕴藏在丰富多彩的中华文化里历久弥坚的"原力"，是隐藏在中华民族大脑深处的集体潜意识。历史名人品牌在跨越历史长河的长期发展过程中，逐渐发挥出其对整个社会尤其是当代社会的独特价值，也逐渐形成了一些与一般商业品牌和当代名人品牌有差异的特征。基于现代社会各个领域发展的需要，也有必要对众多历史名人品牌进行初步的分类。

第一节　历史名人品牌价值

　　历史唯物主义认为，人民群众是历史的创造者，在创造历史过程中起决定作用。人民群众是社会物质财富的创造者，因而从根本上推动了社会的发展。人民群众创造物质生活资料的生产实践，为一切精神生产提供了物质基础；人民群众创造的物质成果总会凝结着人们的某种智慧，这种物质成果也是一种精神财富；人民群众在生产实践中积累的丰富经验，构成了人类精神财富的原料或半成品，成为创造精神财富的源泉；人民群众在实践中还直接创造了许多雕塑、绘画、音乐等作品，它们是人类艺术宝库中的一个重要组成部分。因此，人民群众也是社会精神财富的创造者，从而推动了社会的全面进步。

马克思、恩格斯说："历史不过是追求自己目的的人的活动而已。"①历史唯物主义在肯定人民群众是历史创造者的前提下，承认历史名人在历史上的重大作用。历史名人是一定历史条件下的产物。在阶级社会里，历史名人是一定阶级的代表，他们是从属于一定阶级的，他们的历史作用同他们所代表的那个阶级的历史作用是分不开的。任何历史名人都既有或大或小的历史功绩，也会有这样那样的缺点错误，对他们的历史作用要做全面与辩证的分析与评价。

马克思借用爱尔维修的话："每一个社会时代都需要有自己的伟大人物，如果没有这样的人物，它就要创造出这样的人物来。"②历史名人尤其是杰出人物的重大作用，主要表现为他们能够反映历史发展的要求，比一般的人站得高些、看得远些、做得好些、影响大些，或者成为群众运动的领袖，或者成为某一方面的伟大发明者。离开了历史发展的要求，任何个人都不可能表现出重大的历史作用，离开了历史名人的个人条件，也就不会有历史发展的具体的特殊的生动内容。历史名人并非千人一面，他们活动在不同领域，来自不同阶级，处于不同时代，贡献有多有少，作用有大有小。

历史名人及其资源融合于不同领域，具有不可估量的当代价值，如在当代社会日益得到重视和利用的文化价值、教育价值、旅游价值等，尤其是在品牌经济崛起和品牌消费盛行的时代背景下拥有潜力无限的品牌价值。根据历史名人品牌在人民群众生产、生活过程中发挥的价值，可以从横向的生产生活领域楔入程度和纵向的生产过程楔入程度对其进行初步研究。

① 马克思恩格斯选集（第三卷）[M]. 北京：人民出版社，1995：704.
② 马克思恩格斯全集（第一、二卷）[M]. 北京：人民出版社，2009：547

一、基于生产生活领域的历史名人品牌价值

1. 作为文化品牌的价值

历史名人品牌天然是文化品牌。文化品牌是文化产业品牌化的结果，是关于文化、艺术、娱乐、休闲、新闻、出版、传播等行业的品牌；文化品牌是文化企业和文化产业发展的重要无形资产，决定了文化企业和文化产业当前及未来的发展；文化产业可以说已经成为国民经济支柱产业之一，而文化品牌是文化产业发展的基础和保证。[①]文化品牌则是一种植根于民族文化、传统文化特色，与受众紧密相连的多样化的特殊产品。[②]历史名人是我国传统文化的典型代表和符号，是文化品牌核心价值传播最为生动的载体，是文化品牌精神最为坚固的支撑；历史名人资源源源不断地为文化品牌内涵和外延的充实和拓展提供素材。当然，这种文化品牌既可以代表一种宏观的国家、民族和区域文化品牌，也可以是一种具体的文化产品、一项具体的文化活动的文化品牌。

2. 作为旅游品牌的价值

广义的旅游品牌具有结构性，包含某一单项旅游产品品牌、旅游企业品牌、旅游集团品牌或连锁品牌、公共性产品品牌、旅游目的地品牌等。历史名人的故居多是旅游景区，如郭沫若故居是"全国重点文物保护单位"和"国家 4A 级旅游景区"，该景区品牌的本质就是历史名人品牌。大多数历史名人曾在全国多地为官、游历、寓居，所到之处多有作品、遗迹和遗物留存，这些多成为旅游景点。历史名人故里在对外宣传当地旅游时，多借助历史名人的名人效应，如郭沫若故里、苏东坡故里、李白故里等。一些人文旅游景点，往往是以对历史名人品牌的深度体验为核心来进行多元开发的，这不仅仅是对旅游品牌的开发，同时也是对历史名人品牌的开发。

---

① 王娜. 文化品牌研究文献综述[J]. 经济论坛，2018（5）：37.
② 刘大泯. 深化"多彩贵州"文化品牌内涵研究[J]. 理论与当代，2017（7）：38-40.

3. 作为教育品牌的价值

历史名人的作品很多流传千古，其为国家、为民族、为人民的光辉事迹和故事作为榜样教育了一代代中国人。因此，很多历史名人品牌往往作为教育品牌被教育机构利用。如在郭沫若的家乡就有沫若中学、沫若小学、沫若图书馆等。一些历史名人故居还作为教育基地，发挥着教育品牌的价值，如四川省乐山市沙湾区郭沫若故居就先后被列为"四川省青少年革命传统教育基地""爱国主义教育基地""国防教育基地"和"四川省中共党史教育基地"。教育事业发展的根本目的是提升人民群众的知识水平、精神境界和综合素质，推动人民群众自身的全面发展，这与历史名人品牌所发挥的对后代的激励、引导作用高度契合，因此，历史名人品牌应该向更广阔的教育领域延伸，如教育服务机构命名、教育服务产品命名和一些文教用具的命名等。

4. 作为公共品牌的价值

历史名人资源是民族、国家乃至全人类共同的财富，历史名人品牌也是国家和民族共同拥有、共同使用的公共品牌。现实中历史名人品牌多作为历史名人故里、故居所在的特定地理区域范畴的公共品牌，由当地官方或政府控制、主导进行品牌发展规划和品牌建设，由区域内各种经济性质、各种组织形式的多主体共同拥有，并共同创造、共同使用、共同享受品牌带来的利益。在传统农耕社会文化背景下，中国人具有浓浓的乡土情结，而人们所津津乐道的往往是历史名人的乡土情结、他们的作品对家乡的描述、他们的故事对家乡的眷恋、他们升迁以后对家乡的反哺、家乡人民对他们的颂扬，等等。区域公共品牌的典型特征也体现为乡土性，凸显某个区域的乡土产品特色和文化特色，与历史名人品牌的乡土特征高度契合。目前，我国区域公共品牌发展的最大困境就是由于资金、人才等局限，知名度不高，而借助历史名人品牌尤其是特别知名的历史名人品牌恰好可以解决这个问题，同时在知名度提高以后还可以充分利用历史名人资源进一步提升美誉度。当前我国各地乡村振兴的过程中，必然会大力发展区域公用品牌，对当地的历史名人品牌及其资源的深入挖掘迫在眉睫。

5. 作为商业品牌的价值

历史名人资源丰富，可以为一般商品的品牌命名、品牌视觉形象设计、品牌文化建设提供众多素材。文学家型历史名人的文学作品中，有一些音韵上口、意象高远的作品名字及作品中的词语被作为品牌名称，如郭沫若作为中国新诗奠基人之一，其作品中的"女神""凤凰"就被广泛借用；诗仙李白是伟大的浪漫主义诗人，其作品被广为利用，如国际知名彩妆品牌 REVLON 在进入中国的时候所取的本地化的名字"露华浓"，就是其作品《清平调·其一》中的诗句"云想衣裳花想容，春风拂槛露华浓"。书法家型历史名人以毛笔字为代表的汉字书法艺术，可以运用在品牌形象设计如品牌名称字体、品牌标志和品牌图案中，既能使作品既显得古老、沧桑、富有东方神韵，又体现出现代设计中所要求的和谐与韵律。[①]以唐诗宋词为代表的文学作品、以毛笔字为代表的汉字书法艺术以及以水墨画为代表的中国画是中国特有的传统艺术文化形式，可以充分利用历史上知名的文学家、书法家和画家及其作品，诗书画相结合，大大增加品牌的文化品位和文化底蕴。[②]

二、基于生产过程的历史名人品牌价值

1. 传承传播价值

历史名人作为时代先锋、文化楷模和民族脊梁，既是民族文化的开拓者，又是传统文化的传承者和传播者。中华民族多姿多彩、灿烂辉煌的优秀传统文化，是由全国各族人民共同创造、长久传承凝结而成的，历史名人在其中发挥了重要作用。历史名人不断总结劳动人民的生产和生活经验，以科学家、思想家、教育家等身份推动科学技术的进步。他

① 吕玉龙. 传统文化元素在现代包装设计中的应用[J]. 文教资料，2009（4）：72-73.

② 易元明，黄金发. 浅析产品设计中的中国传统文化元素[C]//2006 年中国机械工程学会年会暨中国工程院机械与运载工程学部首届年会论文集. 机械工业出版社，2006.

们以文学家、艺术家等身份再现人民群众的生产和生活实践；他们以政治家、革命家等身份引导人民群众积极投身推动社会进步的实践活动。他们亲手完成了许多宝贵的精神产品的创造。

文化包括物质文化、行为文化、制度文化和精神文化等。物质文化的传继相对容易，而行为文化、制度文化尤其是精神文化的传继则需要持久的生动演绎。历史名人是中华民族传统文化的典型代表和最为生动的集中体现。以历史名人为载体，通过充分深入地挖掘其作品、遗迹和遗物等文化资源，可以做到对我国传统文化的生动诠释和传继。

中华文化本身的丰富性和复杂性，使得其走出国门并被广泛接受颇为困难。要完整、生动地讲好中华文化的故事，不能局限在一个或几个具体符号与故事上。历史名人自身经历、经验和知识的生动性，各个领域、各种类型的历史名人的丰富性，在时间纵轴和地域横轴上的融合性，恰好可以生动地讲好中华民族源远流长、生生不息的文化历史故事，演绎中华民族的精神气质、中国智慧和中国价值。

2. 代言价值

唐代诗人刘禹锡《陋室铭》中的"山不在高，有仙则名；水不在深，有龙则灵"形象而深刻地阐明了"名人效应"的原理。在我国，关于名人代言最早的记载来自《战国策》中"伯乐相马"的故事：有一个人在集市里卖千里马连续几天都没有人过问，于是他找到了当时的相马名人伯乐帮忙。伯乐去集市绕着他的马转了几圈并依依不舍、一步三回头地离开，结果当天他卖的马市价就上涨了十倍。到了现代，使用名人做品牌代言的广告最早出现在 20 世纪初的美国。随着市场竞争的加剧，越来越多的国内外企业采用名人代言的营销方式来推广自己的产品及品牌。

品牌与名人具有天然的结合点。作为企业或组织，总是乐于寻找名人作为形象代言人，通过名人的光环效应，迅速扩展知名度和激发社会效应，拉近与消费者或公众之间的距离。在激烈的市场竞争中，名人代言能够让人迅速识别产品，帮助品牌迅速打开知名度；能够提升广告的沟通能力，帮助品牌树立新的形象；能够激发消费者仿效名人对品牌的选择。Aake（1991）认为代言人的关键点是出名，只要他（她）出名，不管是非真人的虚构人物，还是真实存在的社会名流都可以做代言人。张继焦和帅建淮（2002）认为品牌代言人是企业品牌或者产品品牌的一个载体，因此品牌代言人的范围较宽，可以包括人、动物、场景等，并不局限于名人。在我国文化产业兴起与发展的背景下，不少历史名人就被视为地区形象、文化魅力和区域品牌的代言人。[①]随着对历史名人兴奋点的挖掘，其代言品牌不要仅局限于地方形象和区域品牌，也应该向更广泛的公共品牌和商业品牌拓展。

3. 融合连接价值

多姿多彩、辉煌灿烂的中华民族文化是由各具特色的民族文化、地域文化、群体文化构成的，历史名人文化存在于中华民族文化的宏大背景下，同时也存在于某个具体的民族文化、地域文化、群体文化的背景下，从而可以作为鲜活的个体融合于其中。如李白文化既可以作为一个单独的文化存在，也可以作为诗歌文化、盛唐文化、巴蜀文化、仙道文化、武术文化等的一个典型代表而融合于其中。

历史名人生命轨迹具有多动性和游移性，地理空间跨度大，出生地、生长地和成名地、为官地、寓居地、游历地、安葬地等相关历史活动场域众多，为不同的民族文化、地域文化、群体文化之间的联系交流和各地文化产业互惠性合作提供了一个不可多得的媒介。如李白的出生地四川省江油市、寓居地湖北省安陆市、安葬地安徽省马鞍山市当涂县，因此可以以李白为桥梁，创意地进行巴蜀文化、湖湘文化、徽派文化的互惠性交流、合作、开发。苏轼的出生地四川省眉山市，为官地浙江省杭州市、江苏省徐州市、湖北省黄冈市、广东省惠州市、海南省儋州市等地都有其作品、遗迹和纪念物留存，各地在开发东坡品牌的时候可基于自己的资源优势和区域文化优势，互惠性协作开发，不断充实东坡品牌的整体形象。

① 许淑君. 社会化媒体时代品牌代言人负面信息对消费者购买意愿的实证研究[D]. 杭州：浙江工商大学，2016.

第二节　历史名人品牌的特征

一、缓成性

历史名人品牌是一种特殊的品牌，也会经历一个品牌生命周期，包括孕育阶段、形成阶段、成长阶段、扩散阶段等。历史名人品牌的形成和发展经历了一个较长时期，其生命周期远远长于一般的商业品牌，往往跨越数个朝代甚至上千年的时空。受限于生产力发展水平、传播载体和手段发展水平和广大人民受教育水平，在我国传统社会历史名人品牌的形成和发展非常缓慢。与历史名人相比，在多种多样的现代传播媒介、传播手段和信息网络技术的推动下，现代名人品牌形成则表现出明显的速成性，一些运动员因为一个大赛冠军而迅速闻名中外，一些演员因为一部电影或电视剧立即火遍大江南北，就连一些默默无闻的普通人都可能在机构的运作下通过各种新媒体传播迅速成为网络红人。

二、持久性

大浪淘沙，很多盛极一时的名人最后难免被世人渐渐忘记，但也有不少人积极致力于推动社会进步，为人民谋福利，为国家创造价值、争得荣誉，因而在大众心目中树立了良好的、持久的品牌形象。历史名人品牌的形成和发展经历了较长时期，是品牌形象在公众心目中被长期持续塑造的过程，是用漫长的历史岁月雕琢的品牌故事。经过历朝历代长期传播，公众对历史名人品牌持有较一致的、持久的、良好的印象或口碑，随着人们教育水平的提升、政府对历史名人文化传承的重视，以及文化创意产业发展对历史名人资源的不断发掘，历史名人品牌的内涵不断得到丰富，知名度在更大的范围内不断得到提升，品牌的影响力也会越来越持久。最终，这些历史名人品牌成为我国优秀传统文化的典型符号和民族文化基因中不可或缺的组成部分。如说到李白，人们自然就想到"诗仙"、唐诗和大唐盛世。而当今名人由于危机事件、名人魅力的时效性、公众需求的不断更新与注意力转移，许多人的影响力都不持久，往往各领风骚三五年，就如夜空中划过的"流星"，成为明日黄花。

三、公共性

进入 21 世纪后，我国一些城市不约而同地利用历史名人打造本地名片，通过"名人效应"提高本地知名度，带动地方经济、文化发展。多个地方争夺某个历史名人故里的事件时有发生。由于行政区划和辖境不断变更、籍贯观念的变化、家族迁移和分居以及文献资料收集困难，对历史名人籍贯的考证绝非易事。历史名人因特定的时间、特定的空间、特定的事件等要素而产生，因而具有社会属性，即某一区域或领域的公共资源属性。历史名人作为文化遗产属于整个国家和民族的共同遗产和财富，属于公共资源，为人民所共有，不属于哪一个地区、哪个组织所独有，也不属于历史名人的后代。

历史名人生命轨迹具有多动性和游移性，地理空间跨度大，出生地、生长地和成名地、为官地、寓居地等历史活动相关地众多。各地的重点不应该放在对历史名人故里的争抢上，而应该根据各地的资源和客观条件，实行差异化传承传播与开发策略，分享而不是分割历史名人这一金字品牌，获得双赢、多赢而不是单赢。在当前弘扬中华优秀传统文化的宏伟视角下，更应该去做的是思贤念祖，根据当地历史名人遗迹遗物进行特色开发和共同开发，以各具特色的方式继承和发扬历史名人文化传统的精髓，弘扬中华优秀传统文化和促进当地经济社会全面发展协同进行。

四、无风险性

经过历朝历代的长期传播，历史名人品牌具有了持久性、稳定性的特点，公众对历史名人品牌形成了较一致的、持久的、稳定的印象或口碑。当代名人品牌具有时效性、易变性。由于个人言行无法保证在时间和空间上的恒久一致性，一些负面事件会成为个人品牌的"不良资产"，对个人品牌造成不同程度的危害。在网络时代，负面事件的"病毒式传播"在时间和空间上都可能无限扩大，对个人品牌的危害也可能无限放大。一旦明星偷税漏税、交通肇事、出轨、嫖娼、涉毒等负面新闻被曝光，将会给其所代言的产品或品牌带来不可预知的巨大风险。因此，为了降低企业品牌经营的风险许多，请明星代言的企业也开始更多偏向产品形象代言，而不是企业形象代言。因此，与当代名人比较，历史名人风险性较小，甚至是无风险，一方面表现在资金投入上风险较小，不需要支付高昂的代言费；另一方面表现在维持代言人品牌符号强度的费用较少，不存在损害品牌利益的负面因素。

五、稀缺性

在传统农业社会，由于以家庭为主的生产限制了人们的活动方式与范围，绝大多数个人品牌往往局限于村落、乡间等狭小的空间，仅有少数政治人物、名臣将相、骚人墨客等特别出众的人物才可能在实现自身抱负的过程中进行较大范围的个人品牌建构。[①]唐代以前最为显著的官员选拔系统是门阀制度，这造成国家重要的官职往往被少数氏族所垄断，个人的出身背景对其仕途的影响，远大于其本身的才能与专长。[②]直到唐代，门阀制度才逐渐被以个人文化水平考试为依据的科举制度所取代，但由于受国家整体教育水平、家庭教育文化传统、经济发展水平和进士录取数量、官职录用数量等众多因素影响，在漫长的 1300 年的科举考试中，仅产生了状元 700 多名，进士约 11 万名，大部分平民百姓仍无法走向致仕报国、扬名立万。[③]但不可否认，科举制度创立后，这成为塑造历史名人品牌的一条主要途径。从绝对数字来看，我国历史名人品牌数量众多，但从相对数字来看，与我国历史上庞大的人口数量相比，历史名人品牌所占比例其实很小。

---

① 徐浩然. 个人品牌——学会自我经营生存的生存法则[M]. 北京：机械工业出版社，2007：29.

② 吕思勉. 中国通史[M]. 杭州：浙江古籍出版社，2017：236-241.

③ 刘海峰. 中国科举史[M]. 上海：东方出版中心，2004.

第三节 历史名人品牌分类

四川历史名人灿若繁星,文学家、画家、思想家、教育家、科学家、宰相、将军等层出不穷。既有国内外知名者,也有某个地区知名者。为了从整体上发现某些群体性和层级性的特征,以便于深入研究和扩大开发,本书从贡献领域和知名度两个维度对历史名人品牌进行初步分类。

一、基于贡献领域进行分类

历史名人是一定历史时期在一个或多个领域做出过重要贡献的人。本书通过挖掘大量四川历史名人资料,发现大部分属于文学艺术、思想教育、科学技术、国家治理和军事革命等领域,少部分属于宗教、实业、神话传说等领域。

1. 文学艺术领域

这类历史名人包括在文学创作领域贡献巨大的辞赋家、诗人、词人、小说家等,如第一批、第二批四川十大历史名人中的扬雄、李白、杜甫、苏轼、杨慎、司马相如、陈子昂、薛涛、李调元以及杨基、张问陶、彭端淑、郭沫若、巴金、李劼人、沙汀、阳翰笙等;在翻译外国作品领域贡献巨大的翻译家,如曹葆华、贺麟、陈敬容、金满成、罗玉君等;在书法创作领域声名卓著的书法家如苏轼、邓文原、魏了翁、文同、陈尧佐、黄辉等;在绘画创作领域声名卓著的画家如黄荃、苏轼、程承辩、孙知微、文同、吕潜、张大千、石鲁等;音乐家如苌弘、王光祈、蔡绍序、赵景深等;电影戏剧艺术家如章泯、彭海清、周企何、周慕莲等。

2. 思想教育领域

这类历史名人包括经学家如扬雄、董钧、景鸾、尹默、李鼎祚、龙昌期、廖平、费密、吴虞等;理学家如张栻、魏了翁、陈抟等;儒学家如虞集、唐甄、刘咸炘、贺麟、黄侃、唐君毅等;教育家如苌弘、文翁、杨厚、谯周、张栻、吴玉章、晏阳初等;历史学家如陈寿、常璩、谯周、李焘、李心传、范镇、范祖禹、任乃强、郭沫若、蒙文通等；语言文字学家如郭沫若、黄侃、张慎仪等；经济学家如彭迪先、陈豹隐、吴干等。

3. 科学技术领域

这类历史名人包括天文学家如落下闳、严君平、梁令瓒、袁天罡、李淳风、黄裳、张思训等；水利专家如李冰、文翁、陈琼、张鹏翮等；数学家如秦九韶、李淳风、胡坤生等；医学家如涪翁、昝殷、唐慎微、萧龙友等；药学家如李珣、陈士良等；化学家如张洪沅、肖伦、蓝梦九等；农学家如张宗法、林季周、杨允奎等；地质学家如黄汲清、胡海涛等；博物学家如段成式、李石等。

4. 国家治理领域

这类历史名人包括大禹、诸葛亮、武则天、虞允文、杨廷和、张鹏翮、邓小平、朱德、陈毅等；在中央政府各部门任职和参与路、府、州、郡、县等地方政府治理的名声较显的中低层官员，如第一批、第二批四川十大历史名人中的李冰、文翁等。

5. 军事革命领域

这类历史名人主要包括在中国旧民主主义革命和新民主主义革命中为国家和民族做出巨大贡献的革命家、军事家如邓小平、朱德、陈毅、吴玉章、刘伯坚、罗瑞卿、张爱萍、傅钟、陈伯钧、贺诚、吴瑞林、毕占云等；革命烈士如李硕勋、刘伯坚、卢德铭、旷继勋、邓萍、江竹筠、赵一曼、张思德等；抗日将领如雷震、周文富、赵渭滨、许国璋、李家钰、解固基、王铭章、张雅韵等；辛亥革命中涌现出来的川籍民主革命家如秦炳、彭家珍、喻培伦等。

6. 其他领域

这类历史名人包括宗教领域历史名人如乐山大佛建造者海通法师、唐代佛教禅宗大师马祖道一、华严宗五祖宗密、成都大慈寺开山祖师无相禅师、南宋名僧圆悟克勤禅师、被明英宗尊为国师的楚山绍琦禅师、近现代著名武术家海灯法师等，还有著名道士成无为、释唯简等；实业家型历史名人如卓王孙、侯德榜、李劼人、吴鹿平等；神话传说历史名人如古蜀五王蚕丛、柏灌、鱼凫、杜宇、鳖灵及嫘祖、彭祖等。

有些历史名人在多个领域都做出了巨大贡献，属于百科全书式文化巨星和复合型历史名人，如扬雄（文学家、经学家、哲学家、语言文字学家）、苏轼（文学家、书法家、画家、美食家、礼部尚书）、欧阳修（文学家、政治家、思想家、史学家）、李心传（文学家、史学家、工部侍郎）、杨慎（文学家、诗人、戏曲家、书法家、学者、明代三才子之首）、杨基（诗人、画家、明初吴中四杰之一、明初十才子之一）、李调元（文学家、诗人、戏曲理论家、藏书家、学者、清代蜀中三才子之一）、郭沫若（文学家、历史学家、文字学家、新诗奠基人之一、政务院副总理）等。

二、基于历史名人级差进行分类

历史名人所做出的贡献有大有小，对社会历史进程或重大历史事件所起的作用也有大有小，对后世社会政治、经济、文化、教育、科技等方面的影响程度和影响范围也不一样，造成不同历史名人知名度大小不一。所谓历史名人级差，即基于历史名人贡献大小、对社会所起作用大小和影响范围大小所表现出来的历史名人知名度的差异。所谓历史名人级差效应，即利用历史名人的不同级差，获取不同的社会效益和经济效益。①一般来说，历史名人做出的贡献越大，对国家和民族所起的作用也越大，对社会影响程度越深、影响范围越广，故知名度也就越大。为了深入探究四川历史名人品牌分布和发展的特征和规律及其背后的深层次原因，本书不仅仅对四川省的国际级和国家级历史名人品牌进行了挖掘和研究，还进一步对大量具有较高知名度的省、市级地方历史名人品牌进行了挖掘和研究。为数众多的地方历史名人品牌在当前我国乡村振兴中理应发挥重大作用。

---

① 章采烈. 论历史名人级差及其效应：中国名人名胜资源的旅游价值[J]. 旅游学刊，1994（4）：44-47.

1. 国际级历史名人品牌

即所从事的事业跨越国界，其事迹和作品在多个国家广为传播，贡献卓著，对中华文明和人类文明发展起过重要作用，在国内外都有广泛影响、广为人知的历史名人品牌。他们共同创造了光辉灿烂的中华文化并作为中华民族文化对外传播的重要媒介，在世界文明史上占据重要地位，四川的历史名人品牌中有一批国际级历史名人品牌，如李白、苏轼、杜甫、大禹、武则天、诸葛亮、邓小平、朱德、陈毅、郭沫若、秦九韶、张大千等。

2. 国家级历史名人品牌

即所从事的事业遍及多个省乃至全国，其事迹和作品在多个省乃至全国广为传播，贡献巨大，对国家和民族发展起过重大作用，在全国有广泛影响、广为人知的历史名人品牌。四川这类历史名人品牌众多，有全国知名文学家如扬雄、司马相如、陈子昂、薛涛、杨慎、李调元等，全国知名思想家、教育家如张栻、严君平、魏了翁、唐君毅等，全国知名史学家如陈寿、谯周、常璩、蒙文通等，全国知名科学家如落下闳、李冰、秦九韶、胡坤生等，以及古代帝王将相。

3. 地方历史名人品牌

即所从事的事业主要在某个省域或省内某几个地区范围内，其事迹和作品在某省域范围或更小的地区范围内传播，其贡献所起的作用主要在于推动区域社会、经济、文化发展，其影响和知名度局限在某个省域范围或更小的地区范围内的历史名人品牌。按照历史发展规律，地方历史名人数量众多，远远超过国际级和国家级历史名人，但由于作品、遗物和遗迹较少，知名范围较小，各地宣传、挖掘、保护都以世界级和国家级历史名人为主，大多数地方历史名人品牌都湮没在国际级和国家级历史名人品牌的光环之下，其当代价值还有待进一步发掘，其品牌知名度还有待进一步传播扩张。

第五章

四川历史名人品牌分布

　　四川历史名人品牌众多，相关历史名人资源非常丰富，其分布从不同视角看必然呈现出多维立体面貌。本书从贡献领域和区域特征两个维度对四川历史名人品牌分布进行深入研究。在一定历史时期内，历史名人总在一个或多个领域崭露头角，在政治、经济、文化、教育、科技等一个或多个方面做出重要贡献，对社会历史进程或重大历史事件起过重大或较为重大的作用。四川历史名人对国家、民族和社会做出了许许多多的贡献，其贡献领域主要存在于文学艺术领域、思想教育领域、科学技术领域、国家治理领域、军事革命领域等方面。基于贡献领域的四川历史名人品牌分布研究将从时间和空间上刻画四川历史名人在各个领域做出的重要贡献。与历史名人品牌分布相关的区域特征主要包括区域地理特征、区域建制沿革特征和区域文化特征等。基于区域特征的四川历史名人品牌分布研究将厘清一个地区的区域地理特征、区域建制沿革特征和区域文化特征对该地区历史名人品牌分布的丰度（包括横向的数量、类型、内部区域分布等空间维度）、厚度（在纵向各个朝代的时间分布）和黏度（对外来历史名人的吸引度）的重要影响。

第一节　基于贡献领域的四川历史名人品牌分布

本书基于贡献领域的四川历史名人品牌分布将从纵向时间、横向空间和贡献领域三个维度来遴选其中的国际级、国家级历史名人品牌作为四川历史名人杰出代表进行初步挖掘，以作为全省及各个地市州进行历史名人品牌及其资源开发的参照。纵向时间维度从远古三皇五帝传说时代一直到 20 世纪末（2000 年前过世）[①]。横向空间维度按照现在四川省 21 个地市州的地理区划和管辖范围来确立，包括祖籍地在四川的本省籍历史名人，出生地、成长地在四川的外省籍历史名人，以及长期在四川各地为官和寓居的外省籍历史名人。贡献领域维度主要梳理了四川历史名人对国家、民族和社会做出过重大贡献的领域，如文学艺术领域、思想教育领域、科学技术领域、国家治理领域、军事革命领域等方面。

一、文学艺术领域四川历史名人品牌分布

（一）文学领域四川历史名人品牌分布

文学领域历史名人品牌包括辞赋家、诗人、词人、小说家、剧作家、翻译家等。巴蜀之地，古称天府之国，山川钟秀，地灵人杰，以文学擅天下之胜者几两千年；时间上自汉代、历唐宋明清至近现代，文学家辈出。空间上分布于巴蜀大地各个地区，尤以成都、眉山、绵阳、乐山、德阳、资阳、遂宁等土壤肥沃、物产富饶之地为甚。文学领域的四川历

---

① 第一批、第二批四川十大历史名人评选的时间标准确定为卒年在辛亥革命以前。最新修编的《巴蜀历代文化名人辞典》把历史名人的卒年时间确定为 2015 年。本书把四川历史名人的卒年时间确定为 20 世纪末，理由为：中央政府和地方政府推动历史名人文化传承创新工程目的是以历史名人为载体来传承传播中华优秀传统文化，而近现代四川有很多历史名人为推动社会发展进步、民族独立富强和国家繁荣昌盛做出了巨大贡献，对传承传播中华优秀传统文化具有重大价值；因此，有必要对大量近现代四川历史名人进行深入挖掘和研究。

史名人共同为天府之国争得了莫大的荣耀，文化泰斗频频出现为中国文化可持续发展做出了巨大贡献。①国学大师梁启超说："我国里头四川和江西，向来是产生大文学家的所在。"②

"汉赋四大家"司马相如、扬雄、班固、张衡中，四川就有司马相如和扬雄两位；盛唐"仙宗十友"李白、孟浩然、王维、贺知章、陈子昂、司马承祯、卢藏用、宋之问、王适、毕构中，四川有李白、陈子昂两位；"唐宋八大家"柳宗元、韩愈、欧阳修、苏洵、苏轼、苏辙、王安石、曾巩中，四川有欧阳修、苏轼、苏洵、苏辙四位；元代"诗坛四大家"虞集、揭傒斯、杨载、范梈中，四川有虞集一位；"明代三才子"杨慎、解缙、徐渭中，四川有杨慎一位；明代"嘉靖八才子"李开先、王慎中、唐顺之、陈束、赵时春、熊过、任瀚、吕高中，四川有熊过、任瀚两位；"明初十才子"高启、杨基、张羽、徐贲、王行、杜寅、张适、梁时、浦源、方彝、钱复中，四川有杨基一位；明代"蜀中四大家"为杨慎、赵贞吉、任翰、熊过；清代蜀中诗人之冠张问陶是"性灵派三大家"（张问陶、袁枚、赵翼）之一，和彭端淑、李调元一起被称为清代"蜀中三才子"；清初"蜀中三杰"为唐甄、吕潜、费密；历史上"蜀中四大才女"为卓文君、薛涛、花蕊夫人、黄娥。

表 5-1　文学领域四川代表性历史名人品牌分布

地区	汉代（包括蜀汉）	唐五代	宋代	明代	清代	近现代
成都	扬雄、司马相如、卓文君	杜甫、薛涛、花蕊夫人	魏了翁、张俞、范镇、王珪	杨慎	费密	巴金、艾芜、罗广斌、李劼人、李唯建、周太玄

① 胡传淮.清代四川三大才子[EB/OL].中国文学网，http://www.literature.org.cn，2011.
② 邹邦奴.宋代江西文坛及其崛起[J].上饶师专学报（社会科学版），1983（8）：71.

地区	汉（包括蜀汉）	唐五代	宋代	明代	清代	近现代
眉山	李密	孙光宪	苏轼、苏辙、苏洵、田锡、家安国、唐庚、韩驹		彭端淑	
绵阳		李白、李珣	欧阳修、文同		孙桐生	沙汀、王剑清
乐山		仲子陵	王齐愈	杨基、胡世安		郭沫若、陈敬容、曹葆华、金满成
德阳	董扶	符载	苏舜钦		李调元	覃子豪
资阳	王褒		张孝祥			谢无量、康白情、邵子南
遂宁		陈子昂	王灼	吕大器、黄峨	张问陶、吕潜	
广元		魏徵、周贺			杨古雪	
内江			李石	赵贞吉		林如稷
南充			陈尧佐、蒲瀛	任瀚、黄辉		
自贡				熊过		赵熙
宜宾						阳翰笙、赵景深
广安						罗玉君
泸州						邓均吾

（二）艺术领域四川历史名人品牌分布

艺术领域历史名人品牌包括画家、书法家、音乐家、电影艺术家、歌唱家等。艺术领域四川历史名人品牌分布在时间和空间分布上极不均衡，主要集中于唐末五代及两宋时期和近现代。从五代到北宋末年的200多年间，四川绘画的活跃程度为中国各地区之最。

唐末五代战乱时期，四川偏安一隅，社会秩序比较安定，经济得到发展，统治者大兴宫殿寺观，蜀画得以繁荣。其间，唐代统治集团两度入蜀，大量文人、画家也随之入蜀，寓居在成都及周边地区，使得成都在唐中叶之后逐渐成为全国文化中心之一。《图画见闻志》所列的唐末27位画家中，蜀籍画家占5人，流寓蜀地的画家及其传人达16人之多。[①]唐末五代流寓蜀地的画家有卢楞伽，赵公祐、赵温其、赵德齐祖孙三代，常粲、常重胤父子，赵德玄、赵忠义父子，杜齯龟、杜敬安父子，滕昌祐、刁光胤、吕晓、竹虔、辛澄、张滕、范琼、陈皓、彭坚、孙位、张询、张南本、薛稷、贯休等。这些画家带来了各种绘画技艺，其自身的书画造诣也因受四川自然、人文的滋养而愈发精进。他们通过家学传承、师徒传授，给西蜀的绘画带来了生机，带动了大量蜀籍画家声名远播，如黄筌、黄居寀、黄居宝父子，阮知海、阮惟德父子，高道兴、高从遇父子，蒲师训、蒲延昌父子，简州画家群张素卿、张玄、杨元真（张玄的妻族）、张景思（张玄同族后裔），以及石恪、麻居礼、孔嵩、左全、王宰、李文才、夏侯延祐、张玫、徐德昌、赵才、程承辩，等等。

这些流寓西蜀的画家和蜀籍画家一起创作形成了独具特色的西蜀画派，为宋代及以后的绘画的发展做出了贡献，引领一时风气并成为中国美术史上的不朽经典。北宋平蜀后，早就耳闻西蜀绘画大名的宋太祖罗致了不少画工集中于京师开封。太祖太宗两朝图画院有待诏11人，西蜀占去5人，即黄惟亮（黄筌之弟）、黄居寀叔侄，高文进、高怀节父子及王道真；祗侯共4人，西蜀1人，即高文进另一子高怀宝；图画院艺学共3人，西蜀占去2人，即夏侯延祐、赵元长[②]；仁宗朝两位文人画家眉

① 黄瑞欣. 五代时期西蜀绘画的成展与演变[J]. 郑州大学学报（哲学社会科学版），2003，36（4）：49-52.

② 黄瑞欣. 五代时期西蜀绘画的成展与演变[J]. 郑州大学学报（哲学社会科学版），2003，36（4）：49-52.

山人苏轼及其表兄绵阳人文同是"湖州竹派"公认的代表艺术家（另两位是元代赵孟頫、清代吴昌硕），还有孙知微（眉山人）、赵昌（德阳人）、圆悟克勤禅师（成都人）、无准师范禅师（绵阳人）、左蜀（东川）道士陈若愚、道士李寿仪（成都人）等。南宋邓椿所著《画继》，一共收录了两宋时期219位画家，其中四川画家就有近40人，而江南地区画家仅有20余人。①

在书法领域，北宋四川历史名人独领风骚。眉山的苏轼、多年寓居四川的黄庭坚，位居"苏黄米蔡"四大书家之列，代表了宋代书法的最高水准。黄庭坚在四川度过了6年多的贬谪生活，先后到访过宜宾、乐山等地，存世墨迹有39件，其中在四川所作便有13件。在蜀中为官长达8年、精于行草和楷书的陆游和任四川制置使兼知成都府2年多的范成大与朱熹、张即之并称书法"南宋四家"。眉山苏家（包括苏轼、苏洵、苏辙、苏过、苏迈、苏迟等）、盐泉苏家（包括苏易简、苏耆、苏舜钦、苏舜元等）、双流李家（李骘、李时敏等）、华阳勾家（勾中正、勾希仲）、阆州陈家（陈尧佐、陈尧叟、陈尧咨）等一批四川书法家族，引领了北宋的书法艺术风气。②

四川近现代涌现出不少艺术领域历史名人品牌，分布于川内各地，除了世界闻名的画家张大千（内江）与其兄张善子，还有成都的颜楷、马一浮、周企何、周慕莲、邹功甫，眉山冯建吴、石鲁，资阳谢无量、蔡绍序，乐山郭沫若、章泯，自贡罗荣渠，达州李斛、钟道泉，南充彭海清，泸州蒋兆和，广元苏文德，雅安吴之英，巴中萧友于。其他朝代也有一些，如春秋时期音乐家苌弘（资阳），明代书法家黄辉（南充），元初三大书法家之一的邓文原（绵阳）以及清代遂宁籍书画家吕潜、张问陶。

---

① 余如波．五代两宋时四川美术妙笔冠天下[EB/OL]．四川日报，https://epaper.scdaily.cn/shtml/scrb/20170922/173955.shtml．

② 唐林．北宋四川书法五大家族[EB/OL]．四川新闻网，http://culture.newssc.org/system/20200924/001109122.html，2020-09-24．

二、思想教育领域四川历史名人品牌分布

思想教育领域历史名人包括思想家、经学家、儒学家、理学家、哲学家、教育家等。四川思想教育领域历史名人品牌较多，早在春秋时期，四川就出了思想家、教育家苌弘。空间上来看，以成都、德阳、绵阳居多；时间上主要集中在两汉及蜀汉时期、宋代和近现代。两汉时期经学家较多，且多有师承关系，如任安、董扶、周舒都是杨厚的弟子，扬雄是严君平的弟子。魏晋南北朝时期有西晋经学家王长文和北周易学大师卫元嵩。张栻是著名理学家、教育家、湖湘学派（胡安国、胡宏、张栻）集大成者和宋代东南三贤（张栻、朱熹、吕祖谦）之一。虞集（眉山人）是元代儒林四杰（虞集、揭傒斯、黄溍、柳贯）之一。清代仅有思想家费密和唐甄，其中唐甄是明末清初四大著名启蒙思想家（王夫之、黄宗羲、顾炎武、唐甄）之一。以刘沅、刘咸炘、刘咸荣为代表的槐轩学派在中国近代思想史上具有重要影响，包括刘芬、钟瑞廷、李思栋、孙海山、刘恒典、樊道恒、郑寿全、刘松文、刘梖文、刘咸焌、钟永定、刘咸燡等十几人。现代新儒家代表人物中，马一浮、唐君毅、贺麟来自四川，马一浮被称为新儒家三圣（熊十力、梁漱溟、马一浮）之一。

表 5-2　思想教育领域四川代表性历史名人品牌分布

地区	汉代（包括蜀汉）	唐代	宋代	近现代
成都	扬雄、严君平、文翁、杨厚		魏了翁、房审权	马一浮、吴虞、刘沅、刘咸炘、黄侃、贺麟、张洪沅、周太玄
德阳	董扶、任安		张栻	戴季陶
绵阳	景鸾	赵蕤		张秀熟
南充	周舒、谯周			
资阳	董钧			
内江		李鼎祚	李石	
乐山		仲子陵		廖平
广元		魏徵		

地区	汉代（蜀汉）	唐代	宋代	近现代
眉山			唐淹、龙昌期	
自贡				宋育仁、赵艺西、吴玉章
宜宾				唐君毅
雅安				吴之英
广安				何鲁
巴中				晏阳初
泸州				屈伯川

除了思想家、教育家型历史名人品牌外，四川还有历史学家、著名学者、经济学家、语言文字学家及藏书家等历史名人品牌。尤其是历史学家群体人数不少，且在全国影响比较大。在中国文化史上，宋代是史学最为繁盛的时期，而成都和眉州（今眉山市）又是宋代史学最发达的地区之一，时人誉为"西蜀史学"。据统计，有宋一代成都地区见诸记载的史家达 40 人、史著达 86 部、官书官修的地方志达 24 部之多。史家方面，宋代成都华阳范氏家族涌现出了范镇、范祖禹、范冲、范仲熊、范荪和范子长共五代 6 位史家，撰史著 23 部，"三范修史"更是传为史坛千古佳话；除范氏史学家族外，成都还有吴缜、张唐英、句延庆、费枢等史学家。宋代眉州有史学家族李焘及其子李埴、李壁和王当、王赏兄弟及王赏子王称，另外还有苏洵、杜大珪、史炤、程公说等史学家。除成都、眉山地区外，宋代的史学家还有乐山的李心传和泸州的李攸。[①]在其他朝代，汉代有史学家严君平（成都），蜀汉魏晋时期有著名史学家和方志学家常璩（成都）、著名史学家陈寿及谯周（南充），唐代史学家魏徵（广元），元代有费著（成都）。近现代历史学家较多，有郭沫若、贺昌群、陈宗常、李源澄等乐山籍历史学家，南充籍著名历史地理学家、藏学家任乃强，绵阳的蒙文通和自贡的罗荣渠。另外，还有一些知名学

071

---

① 蔡崇榜. 宋代四川史学的特点[J]. 西南师范大学学报（人文社会科学版），1986（04）：77-84.

者，如蜀汉时期的杜琼（成都）、尹默（绵阳）、秦宓（德阳）；近代蜀中五老七贤学者群体，主要人物有赵熙、颜楷、骆成骧、方旭、宋育仁、庞石帚、徐子休、林山腴、邵从恩、刘咸荥、尹昌龄、曾鉴、吴之英、卢子鹤、文龙等。除此之外，还有知名的藏书家如宋代的杨素和孙降衷、孙辟家族（眉山），近现代的傅增湘（宜宾）等；近现代语言文字学家如郭沫若（乐山）、黄侃和张慎仪（成都）；现代经济学家如吴干（广安）、陈豹隐（德阳）、彭迪先（眉山）等；中国逻辑学创始人权树威（眉山）。

三、科学技术领域四川历史名人品牌分布

科学技术领域历史名人品牌包括水利学家、天文学家、医学家、化学家、数学家、物理学家、生物学家、农学家、地质学家、博物学家等类型。四川科学技术领域历史名人品牌类型丰富，其中天文学家和医学家尤多。从纵向时间轴来看，四川早在先秦时期就出现了知名的科学家，如春秋时期的天文学家苌弘（资阳）和战国时期水利专家李冰，尤其是汉代、唐代、宋代、清代和近现代科学家相对较多。元代没有代表性的科学家，明代科学技术领域历史名人品牌稀少，只有水利专家汤绍恩（内江）。

已故科技史学家吕子方教授提出"天数在蜀"[1]，在中国天文学漫长的发展历程中，巴蜀科学家在不同历史时期都有着独特贡献，春秋时期的苌弘、汉初的落下闳、唐代的袁天纲和梁令瓒、宋代的张思训是其中的杰出代表。[2]四川的天文学家历史名人品牌群体分布时间上集中在两汉及蜀汉时期，地域上集中在成都、南充和德阳等地区。两汉及随后的蜀汉时期天文学家众多，成都有两汉时期的严君平、扬雄、杨由、段翳、杨厚等和蜀汉时期的何宗、杜琼等；南充有两汉时期的落下闳，谯隆、谯玄、谯英家族，任文公、任文孙家族和蜀汉时期的谯周，周舒、周群、周巨家族；德阳有两汉时期的折象、董扶、翟酺、任安、杨宣、段恭等；两汉时期还有绵阳的景鸾和宜宾的任永。在其他朝代，唐代及五代时期

---

① 刘佳寿，刘德仁. 论"天数在蜀"[J]. 大自然探索，1984（1）：179.
② 邓经武. 天数在蜀：巴蜀文化对中国天文学的贡献[J]. 文史杂志，2017（4）：43-46.

有一些，如成都的袁天纲、梁令瓒、卫元嵩、胡秀林等和长期寓居阆中的李淳风；宋代有巴中的张思训和广元的黄裳；近现代有成都的李珩、林春育等。

表 5-3　科学技术领域四川代表性历史名人品牌分布

地区	汉代	唐代	宋代	清代	近现代
成都	文翁（治水专家）	袁天纲（天文学家）、梁令瓒（天文学家）、雷威（制琴专家）			张洪沅（化学家）、周太玄（生物学家）、肖伦（化学家）
南充	落下闳（天文学家）	李淳风（天文学家、数学家）	陈尧佐（水利世家）	陈琮（治水专家）	蓝梦九（化学家）、魏时珍（数学家）、林季周（农学家）
遂宁			王灼（制糖专家）	张鹏翮（水利专家）	蒋明谦（化学家）
眉山			田锡（酿酒专家）	陈希亮（桥梁专家）、萧开泰（太阳能专家）	黄汲清（地质学家）
资阳			秦九韶（数学家）		杨允奎（农学家）
内江	王延世（治水专家）		李石（博物学家）		
广元			黄裳（天文学家）		
巴中			张思训（天文学家）		
德阳				张宗法（农学家）	
乐山					胡坤生（数学家）、郭和夫（化学家）
自贡					胡海涛（地质学家）

四川医学领域历史名人品牌也很多，有当时享誉全国的医学家和药物学家、知名医生、针灸专家、妇产科学家、中医学家、儿科专家、养生专家等，为我国医学发展和人民群众的健康做出了贡献。时间分布上汉代、唐代、宋代、清代、近现代都较多；元明两代比较少，明代有南充名医罗仲光。

表 5-4　医学领域四川代表性历史名人品牌分布

地区	汉代	唐代	宋代	清代	近现代
成都	李常在	昝殷、杜光庭、梅彪、藉喻义、韩保升、彭晓、沈羲	唐慎微、史崧、袁坤厚	唐宗海、曾懿	张骥、陈志潜、叶心清
绵阳	涪翁	李珣、严龟	杨天惠		蒲辅周、萧龙友
德阳	郭玉				王朴诚、王伯岳
遂宁				许宗正	杜顺德、刘云波
广元		陈士良			
眉山			杨子建、史谌		
资阳			陈抟		
内江					黄济川
乐山					毛文书
自贡					龙哲三

四、国家治理领域四川历史名人品牌分布

国家治理领域历史名人品牌包括政治家、帝王、宰辅、贡献卓著的知名高层官员和地方官员等。四川籍皇帝有女皇武则天；古代在巴蜀大地上称王称帝的有魏晋南北朝时期成汉开国皇帝李雄（达州）和西蜀政

权建立者谯纵（南充）；外地籍的蜀汉开国皇帝有刘备、五代十国时期前蜀开国皇帝王建、后蜀开国皇帝孟知祥。四川籍宰相及副职较多，从时间上看，最早有记载的政治家是资阳人苌弘，两汉、唐代和清代较少，明代稍多，宋代更甚；从地域上看以成都、南充和眉山为多。现代有邓小平（广安）、朱德（南充）、陈毅（资阳）、张澜（南充）、罗瑞卿（南充）、张爱萍（达州）、郭沫若（乐山）等。

表 5-5　国家治理领域四川代表性历史名人品牌分布

地区	汉代	蜀汉魏晋	唐代五代	宋代	明代	清代
成都	何武、赵戒、赵谦、赵温	刘备、诸葛亮、蒋琬、董允、费祎	王建、张格，孟知祥、赵继良、李昊	王珪、张商英、邓洵武、胡晋臣、高定子、高斯得、魏了翁	杨廷和	卓秉恬
眉山	张皓			苏辙、虞允文、杨椿、李壁、杨栋	万安	
南充		谯纵		陈尧叟、陈尧佐、游似	陈以勤、陈于陛	
乐山				何栗、李性传	陈演	胡世安
绵阳			严震	文及翁、姚希得		
德阳				苏易简、张浚	刘宇亮	
遂宁					席书、吕大器	张鹏翮
内江				赵雄	赵贞吉	
广元			武则天、魏徵			
达州		李雄				
阿坝				谢方叔		
泸州				李鸣复		

五、军事革命领域四川历史名人品牌分布

军事革命领域的四川历史名人品牌众多。四川人民为中国革命做出了巨大贡献，在维新变法、辛亥革命、土地革命、抗日战争和解放战争中涌现出了许多仁人志士。

（一）维新变法中的四川历史名人品牌

维新变法时期四川的士子积极宣扬救亡主张，参加在京救亡活动。甲午战败后丧权辱国的《马关条约》签订，自贡富顺人刘光第、宋育仁先后上书言策。维新思想在四川的传播，主要是通过宋育仁的"复古改制"口号传播开的，他1896年回川创办工商业，1897年在重庆创办《渝报》，1898年在成都创办《蜀学报》并约集同人潘清荫、邓榕、吴之英、廖平等在成都创"蜀学会"总会。在京川籍官绅及进士、举人，不少参加了康有为筹组的"强学会"活动，德阳绵竹人杨锐（爱国诗人、戊戌六君子之一）是"强学会"发起人之一，宋育仁也参加了"强学会"并主讲"中国自强之学"。1898年2月杨锐、刘光第等联络四川官绅傅增湘、谢绪纲、王晋涵、李植等于北京组成"蜀学会"。1898年4月康有为在京组成"保国会"，共有186人署名参加，其中川籍维新志士刘光策、杨锐、李植、王晋涵、周兆样、镕增湘、冯书、谢绪瑶、乔树梢、王捂、杨吕勃、孙定钧、谢绪纲、高树等14人参加；杨锐则在京成立"保川会"。维新变法时期川籍士子在"公车上书""保国会"的署名人数，在全国18个行省中都属中等偏上，如"公车上书"有来京会试的18省举人603人参加署名，其中四川举人有71人署名。川籍京官刘光第、杨锐自始至终都积极参加了这一震撼中外的政治运动，并为追求民族独立、国家兴盛而英勇牺牲。[1]

---

① 汤志钧. 戊戌变法人物传稿·下册（增订本）[M]. 北京：中华书局，1961：664-694.

（二）辛亥革命中的四川历史名人品牌

广义的辛亥革命指自 19 世纪末（从 1894 年兴中会成立开始）迄辛亥年成功推翻清朝封建统治后在中国出现的连场革命运动。在辛亥革命时期，四川许多仁人志士尤其是赴日留学生，追随孙中山先生创立民主共和国的理想，加入了同盟会，他们要么参加孙中山和同盟会总部直接领导和组织的革命活动，要么在川内领导和参与各种反帝反封建的革命活动。在反抗封建统治和帝国主义的过程中，四川的同盟会会员中涌现出一批资产阶级民主革命家和革命烈士等，为中国人民推翻封建统治和反抗帝国主义做出了巨大贡献。

1905 年 7 月 30 日，董修武、黄树中等就参加了孙中山召开的同盟会筹备会。8 月 20 日，同盟会正式成立，不少川籍革命志士参加了同盟会东京总部的工作，有评议部议员董修武、熊克武、但懋辛、吴玉章、黄树中等人，黄树中还担任同盟会机关报《民报》经理。据统计，1905 年至 1906 年同盟会吸收会员共 960 人，川籍留日学生有 127 人，约占 13%，人数仅次于广东、湖南。[①]

1911 年 6 月，在成都由立宪派激进人物代表蒲殿俊、罗纶、颜楷、张澜等人号召成立保路同志会，四川保路运动轰轰烈烈地开展起来。1911 年 9 月 25 日，吴玉章一行率领保路同志军占领荣县县城，宣布荣县独立，成立民军政府。这是辛亥革命时期由同盟会员建立的全国第一个县政权，把保路运动推向高潮。[②]以保路运动和荣县军政府成立为代表的一系列斗争活动为反清起义指明了方向，为四川其他州县革命乃至全国革命树立了典型，为武昌起义奠定了基础，作为武昌起义的导火线而被载入史册。孙中山先生曾高度评价四川人民在辛亥革命中的历史功绩，他说："若没有四川保路同志会的起义，武昌革命或者要迟一年半载的。"[③]

① 中共绵阳党史研究室.辛亥革命时期四川同盟会的革命活动 [EB/OL]. http://dsyj.my.gov.cn/MYGOV/150607821417742336/20110812/583800.html.
② 高士振.1911 动荡中国 辛亥起义重大事件[M]. 北京：台海出版社，2011：199-203.
③ 吴达德.辛亥革命四川名人画传[M].成都：四川辞书出版社，2011：19.

表 5-6　辛亥革命中四川历史名人品牌时空分布

地区	同盟会知名会员	知名烈士
自贡	吴玉章、赵艺西、谢奉琦、谢持、龙鸣剑、但懋辛、丁厚扶、雷铁崖、曹笃、罗鼎、王天杰、廖泽宽、李宗吾、朱国琛、龚郁文、吴匡时、范渭渔、黎靖赢、龚绍伯、张植茹、赵述尧	谢奉琦、龙鸣剑、罗鼎、龚郁文
成都	彭家珍、卢师谛、黄侃、颜楷、张群、张沅、张群、吴鼎昌、尹昌衡、张捷先、周鸿勋、韩霈霖、龙昭伯、龙光、黄成璋、王子均、程德蕃、秦载庚、侯宝斋	彭家珍、张捷先
泸州	佘英、黄方、杨兆蓉、赵铁桥、夏之时、杨维、邓西林、袭选廉、吴子俊、税西恒、席成、杨雄、郭昌明、杨兆岩、席成元	佘英、黄方
内江	喻培伦、黄树中（黄复生）、杨禹昌、林冰骨、胡驭垓、余切	喻培伦、杨禹昌、胡驭垓
宜宾	吕超、孙炳文、曾省斋、邓絜、江子能、尹绍洲、朱山、舒兴复、邓树北、马集成、师焕文、吴海亭	朱山
达州	张懋隆、刘行道、王维舟、李绍伊、张简廷、王子骞、颜德基	张懋隆
广安	秦炳、张启善、蒲殿俊、张岷僧、蒲洵	秦炳、张启善
巴中	董修武、孙洪震、吴以榮、吴樵、吴仲遥、陈鹰祺	董修武、孙洪震
乐山	熊克武、陈宗常、税钟麟、陈孔白、廖宗纶、吴蜀美	陈孔白
绵阳	李实	李实
广元	陶泽琨	陶泽琨
眉山	张治祥	张治祥
南充	张澜、罗纶	
资阳	谢无量、刘克强	
凉山	张为炯、李宅安	

（三）新民主主义革命中四川历史名人品牌时空分布

新民主主义革命中涌现出来的四川历史名人主要包括为了党和人民

的事业不懈奋斗、功勋卓著的革命家、军事家和将军，为了民族独立和人民解放英勇牺牲的革命先烈，以及在全民族抗战中英勇奋战、不屈不挠的川军将领和爱国将士，坚决拥护和支持革命事业、积极从事进步活动的民主爱国人士。

在中央军委正式确认的 36 位军事家中，四川有朱德、邓小平、陈毅、罗瑞卿 4 人；另外，一些去世的开国上将在新华社正式刊发的讣告或悼词中也被称为"军事家"，如张爱萍、傅钟、陈伯钧。[①]2009 年，党中央、国务院相关部门联合评选出"100 位为新中国成立做出突出贡献的英雄模范人物"，其中四川籍的有刘伯坚、卢德铭、旷继勋、李硕勋、杨闇公、邓萍、张思德、江竹筠、赵一曼等。在民政部和退役军人事务部先后公布的三批次在抗日战争中顽强奋战、为国捐躯的抗日英烈和英雄群体名录中，有 24 位川籍将士，除了陈一华、赵一曼、凌则之、曹介是属于共产党领导下的革命者外，其他都是川军将领，且成都籍的居多。四川的革命家、军事家、开国将军和革命烈士主要集中在达州、巴中、南充、广元等几个地区。原因在于土地革命战争时期，共产党在川东、川北、川西、川南先后创立了几个革命根据地，其中川东、川北几个革命根据地影响较大，尤其是全国第二大苏区的川陕革命根据地对新民主主义革命贡献巨大。

表 5-7　四川新民主主义革命历史名人品牌时空分布

地区	革命家、军事家	中国人民解放军将军	知名革命烈士
达州	张爱萍、陈伯钧、徐彦刚	张爱萍、陈伯钧、向守志、严政、侯正果、任思忠、李中权、瞿道文、孙继争、刘新权、王海廷、李永悌、王定烈、徐斌、张开基、蔡长元、陈挽澜、曾旭清、胡华居、王文模、魏传统、蔡长元	李家俊、徐彦刚、王成忠、邓述明、周伯仕、张天涛、李一才、蔡奎、徐德、徐永弟、陈尧楷、陈一华、王家让、李光荣、王天元、张永昌、游宗相

---

① 佚名. 共和国 36 位军事家排名顺序如何定的 [EB/OL]. https://www.sohu.com/a/226555267.

地区	革命家、军事家	中国人民解放军将军	知名革命烈士
巴中	刘伯坚	吴瑞林、王明坤、王良太、邓仕俊、刘自双、朱兆林、朱士焕、冯丕成、阳自碧、李勃、何正文、何云峰、吴荣正、吴仕宏、陈其通、陈彬、张德贵、张显扬、张荣森、张世盖、胥光义、姜钟、赵兰田、傅崇碧、程登志、蒲大义、邱大银、陈福章	刘伯坚、韩宗银、王正国、萧国宝、王三春、余笃山、王振华、任伟璋、舒玉章、吴展、陈自刚、梅宏华、杨乐烈、韩继伦、吴鸣和、罗明银、张时忠、张逸民、邹洪盛
南充	朱德、罗瑞卿、任白戈、张澜	宋献章、宋烈、杨世荣、黎光、李布德、安志敏、安东、梁天喜、莫春和、白崇友、杨国宇、蒋克诚、胡炳云、宋献璋、汪易、唐青山、何以祥	张思德、林修杰、咸应源、王敬德、项志平、杜培心、马瑞宁、李鸣珂、吴季蟠、王白与、杨伯恺、罗天照、柴意新
广元		赵承丰、伍国仲、任荣、吴忠、李开湘、樊学文、杨大易、杜海林、陈宗坤、李明	安征夫、佘骑义、王文焕、邓世钧、苟天沛、何明远、袁化鹏
成都	罗南辉	唐健伯、罗野岗、黄霖、叶明	董朗、罗南辉、车耀先、张露萍、周文富、赵渭滨、许国璋、李家钰、解固基、王铭章、张雅韵
遂宁	旷继勋、贺诚	贺诚、吴肃、李泛山	旷继勋、段定陶、刘骏达、苟祥珂、蔡梦慰、周均时、于渊
泸州	傅钟	傅钟、贾若瑜	穆青、刘国志、赵文海、舒汉璧

地区	革命家、军事家	中国人民解放军将军	知名革命烈士
广安	邓小平	毕占云	杨汉秀、蒋可然、许建业、邓惠中、廖玉璧、陈联诗、陈绍堂
宜宾	卢德铭、李硕勋		卢德铭、李硕勋、赵一曼、凌则之、曹介、尹绍洲、孙炳文、余泽鸿、张霁帆、徐经邦、郑佑之
资阳	陈毅		余国桢、叶镛、邓俊、饶国华
自贡	吴玉章、邓萍		江竹筠、邓萍、许祖熊、范易、李仲权、肖孝泽、邹绍孟
绵阳		王银山	王右木、侯伯英、袁诗荛
乐山		何克希	丁佑君、毛英才、彭为工
凉山		谢云晖	华品章、周培成、贾巴伍各
内江			罗世文、黎灌英、黄永淮

081

第二节　基于典型区域特征的历史名人品牌分布

俗话说"一方水土养一方人"，经过人类历史长河演进，某个区域在政治、经济、文化、地理等方面逐渐形成一些典型特征，塑造了当地独具特色的人文自然环境，在长期的人文自然环境熏陶下是否会孕育区域典型历史名人或群体，并进而形成一种文化资源禀赋？本书基于历史名人品牌发展进化密切相关的典型区域特征（包括区域地理特征、区域建制沿革特征和区域文化特征等维度），选取乐山市、眉山市、南充市和达州市为样本，通过查阅《二十四史》《四川通志》和 4 个地区的市志、县志等文献资源以及"四川省情网"和"博雅人物网"等网络资源，对历史名人品牌分布进行初步研究。区域地理特征主要包括与人类文明进化和农耕经济发展密切相关的土壤地形等地理特征，历史发展进程中的关键区位，重要通道如文化进化通道、水陆交通要道、军事战略通道等，以及与文化中心或文化次中心的距离。区域建制沿革特征包括域内正式行政建制时间、建制行政级别（路、府、州、郡等）、建制连续度（未曾长期中断）等。区域文化特征是指某个区域在长期的历史发展过程中所累积的历史悠久、声名远播的文化吸引物的丰富程度（如世界文化遗产、国家 4A 级以上人文旅游景区等世界级、国家级文化旅游资源），以及由此形成的文化方面的某些集聚性特征，如区域文化中心、区域宗教中心、红色文化圣地等。

一、区域地理特征与历史名人品牌分布

与四川历史名人品牌分布相关的区域地理特征主要包括以下几点：① 该地区与人类文明进化和农耕经济发展密切相关的土壤地形特征，人类文明发展源头和关键支撑的重要河流流经情况。② 该地区在历史发展进程中的关键区位，是否为全国或巴蜀政治、经济、文化、军事中心或次中心。③ 该地区距离文化中心或文化次中心的距离远近，因为四川盆地的封闭特征，主要考虑是否为蜀文化或巴文化的核心区域、与蜀文化及巴文化中心的距离远近。④ 该地区是否位于重要通道上，如文化进化通道、巴蜀区域内部或对外的水陆交通要道、军事战略通道等。人类先祖在从高山走向丘陵、平原的过程中，总是逐水而居，大江大河流经的地方多是文明发达、经济繁荣的地方，也多是古代重要的水路交通要道和军事战略要道。古代巴蜀通向中原的孔道主要是穿越秦岭的褒斜道和闯出夔门的长江，而北道开通甚迟，到战国时才有石牛道出现，直到唐代诗人李白还慨叹这条道路"难于上青天"，故古代四川物资、人员进出主要靠长江水系及其支流，长江及其四川境内的支流岷江、嘉陵江、青衣

江、大渡河、涪江、沱江等是古代四川内外联系与交流的几条重要河流①。

　　乐山市位于四川盆地西南部向西南山地、凉山高原过渡地带，而地理区域的过渡地带往往是民族交融地带。魏晋南北朝时期，原来居住在广西、贵州、云南一带的10多万僚人进入四川，乐山犍为铁山以及三江流域聚居了大批僚人。②乐山距离蜀文化中心成都的交通距离在今天看来较近，但在古代却并非如此。蜀文化对其的影响力要弱于紧邻成都的眉山、德阳等区域，因此，从总体上看乐山籍历史名人品牌类型的丰富程度和知名度方面要弱于眉山。乐山地处岷江、青衣江、大渡河三江汇流之地，成都—乐山的岷江水道自古即为川西乃至四川政治、经济、文化中心成都对外交流的水路交通要道，乐山一直都是这条黄金水道的重要码头，数见于各种文献记载，是达官显贵、文人墨客、商贾游客和各种军事民用物资进出川常经之地，如唐代李白、杜甫两位大诗人出川，宋代苏洵、苏轼、苏辙父子三人出川，以及四川制置使范成大、成都府路提点刑狱邵伯温等俱是由乐山出入川的。乐山是古蜀国"开明故治"，传说春秋时期中叶鳖灵治水自荆楚溯江西上，先至南安（今乐山境内），后至郫邑见望帝杜宇，被授以国位，建立开明王朝；③自秦国蜀郡太守李冰组织乐山人民凿乌尤离堆，开出麻浩河后，岷江、大渡河在乐山一带的水上航运逐步发展起来，乐山就成为川西水运要冲和川江上游的枢纽；长期颠簸于岷江水上的邓通成为了汉文帝刘恒的宠臣，依靠铸钱业，广开铜矿，制"邓通钱"，富甲天下；诸葛亮沿岷江在犍为铁山冶铁制造武器和工具；唐代海通和尚、剑南节度使章仇兼琼和剑南西川节度使韦皋等在岷江和大渡河交汇之处建造乐山大佛；乐山隋朝时就能造黄龙大船，到宋代成为四川造船业中心之一，经济价值、交通价值和军事价值凸显，南宋名将、四川制置使余玠、与钓鱼城之战功臣张珏齐名的战将昝万寿、成都安抚副使俞兴、嘉定守臣程立之等率领军民在嘉定（今乐山）抗击

　　① 杨炳昆. 乐山在古代四川水运中的重要地位及当今对策[J]. 乐山师专学报（社会科学版），1989（3）：1-8.
　　② 乐山市地方志编纂委员会. 乐山市志[M]. 成都：巴蜀书社，2001：170.
　　③ 唐长寿. 乐山古代史话[M]. 北京：新华出版社，2017：75.

蒙古军队。[①]

眉山市位于成都平原西南部，属于成都平原核心区，土壤肥沃，物产富饶，紧邻古往今来四川政治、经济、文化、交通中心成都，且处在成都—乐山岷江黄金水道中游，交通便利，地理区位优势明显。眉山离蜀文化中心成都有一定距离，可以避开政治和军事上的直接影响，但又不是太远，可以较为方便地从成都获得政治资源、文化资源和信息资源。尤其是在朝代更迭的时期，如唐末、五代时期和北宋靖康年间，眉山更是北方士族大家庭避乱的理想之地。因此，徙居眉山的外省籍家族历史名人众多，如彭山区的张皓、张纲等张氏家族，仁寿县的北宋宰相虞允文家族，东坡区的家铉翁、家安国等家氏家族，丹棱县的李焘、李壁、李垍等李氏家族，青神县的杨大全、杨仲虞等杨氏家族。

南充市位于四川盆地东北部，境内以丘陵为主，北部地区多低山，嘉陵江穿境而过，连接境内阆中市、南部县、仪陇县、蓬安县、高坪区、顺庆区、嘉陵区等多个区县，是古代川北、川东水路交通黄金水道。古代的阆中县和南充县是嘉陵江黄金水道的重要码头和军事重镇，古代从川北、川东沿江而下和溯江而上的达官商贾、文人雅士多要停经此处，如唐代诗人杜甫、陈子昂、李商隐先后来此游历，唐代大画家吴道子奉唐玄宗之命到此写生《三百里嘉陵江山图》，宋代苏轼、司马光、陆游、唐庚等文学家也慕名而来。古代南充距离蜀文化中心成都较远，阆中曾经是古代巴国的国都、巴郡郡治所在和清顺治年间四川临时省治所在地，境内大多数区域属于古代巴文化的核心区域。

达州市位于四川省东北部，历史上地处川鄂陕结合部，域内东北部为大巴山区，西南多盆地丘陵区，以山地为主，山多谷多，土壤较为贫瘠，与乐山、眉山、南充等大江大河流经的地区相比，在历史上物产不算富饶、农耕经济也不是很发达；为秦巴地区商贸中心，但离蜀文化中心成都和巴文化中心重庆距离都较远；域内主要河流有渠江、州河、巴

---

① 杨炳昆. 乐山在古代四川水运中的重要地位及当今对策[J]. 乐山师专学报（社会科学版）1989（3）：1-8.

河，属于长江支流嘉陵江水系支流，不是重要的文化源流和交通、军事要道。由于境内多为山川峡谷，经济不发达，故成为朝廷贬谪官员之地，历史上有 7 位宰辅曾经被贬谪到达州：在唐代，著名诗人元稹曾做过 4 年通州司马，"酒中八仙"之一的李适之曾做过通州刺史，著名画家、书法家韩滉曾做过通川郡长史，文学家李峤（与苏味道并称"苏李"，与苏味道、杜审言、崔融合称"文章四友"）曾做过通州刺史，唐代经济改革家、理财家刘晏曾做过通州刺史，他们都先后担任过唐朝宰相。在宋代，被贬谪为通川县主簿的张商英和达州秘书少监的王随也担任过宰相。[①]

二、区域建制沿革特征与历史名人品牌分布

区域建制沿革特征包括域内正式行政建制时间、建制行政级别高低、建制连续度（未曾长期中断）等。中国古代路、府、州、郡、县等级别的正式行政建制，历朝历代所属及管辖范围多有变迁，国家统一的时候变迁相对少一些，在战乱分裂时期变迁频繁；在路、府、州、郡、县等各个级别的正式行政建制中，县一级行政建制尽管时有拆分、合并和更名，但相对来说要稳定一些，所以是区域建制沿革考察的重点。据《华阳国志》《史记》《战国策》《左传》等史书记载：公元前 316 左右，秦王派大夫张仪、司马错、都尉墨等人率军先后灭掉蜀国、苴国、巴国；随后在原蜀国治地置蜀侯国，在原巴国治地置巴郡；公元前 280 年左右，废蜀侯国置蜀郡。秦国先后在川东北、川北、川西置县开始正式的行政建制，在今广元市境内置"葭萌县"，在南充市境内置"阆中县"，在眉山市境内置"武阳县"，在乐山市境内置"南安县"。[②]有了正式的行政建制，区域治理、经济、文化等活动蓬勃发展起来；正式行政建制的时间越早，建制的持续性越强（即未曾长期中断过），建制的行政级别越高，本地籍历史名人品牌也可能越丰富，"阆中县"即为典型例子。因此，区

---

① 资料来源于达州市人民政府网站，http://www.dazhou.gov.cn/.

② 陈世松，贾大泉. 四川通史·卷一：先秦[M]. 成都：四川人民出版社，2010：103-109.

域建制沿革因素作为必要条件对历史名人品牌的厚度、丰度和传承来说有较大影响。

（一）乐山区域建制沿革特征与历史名人品牌分布

从公元前 600 多年春秋时期鳖灵"开明故治"算起，乐山已经有接近 3000 年的开发历史了。乐山正式的行政建制源于战国后期秦国置蜀郡后在乐山域内建立的"南安县"，至今已有 2300 多年历史。与当今乐山及其管辖区县行政区划相关的、较早的建制沿革符号有"峨（眉）""南安""井研""犍为""嘉"等。"峨（眉）"建制符号直接源于峨眉山，最早可以溯及中华民族远古传说三皇五帝时代。峨眉山的名字早见于西周，春秋时期已闻名天下，隋朝正式改平羌县为峨眉县直到今天；"南安"的建制符号自秦国蜀郡置南安县，后直到隋朝完全消失；"井研"最早可以溯源到秦灭蜀国后在蜀郡武阳县下所置井研镇，隋朝废蒲亭县置井研县，此后建制未曾中断；"嘉"源于南北朝时期沿袭至隋唐的嘉州，宋元明清时期的嘉定府、嘉定府路、嘉定州；"犍为"源自汉初始置唐朝中期方完全消失的犍为郡，隋朝始出现犍为县建制直到现在。[①]

从战国后期秦国所置蜀郡南安县算起，乐山区域建制历史悠久，建制持续未曾中断；建制行政级别较高，南北朝时期北周始置嘉州，隋唐沿革基本未变，宋代升为嘉定府，元代升为嘉定府路，明清为嘉定府或州。因此，乐山籍的历史名人品牌在时间分布上从汉代开始贯穿历朝历代。两汉时期的历史名人较四川其他地区为多，如西汉的邓通、左小娥、神仙李阿真人等，东汉的费贻、瞿君、杨宗、杨畅、赵孟麟等；三国（蜀汉）时期有费诗、五梁，魏晋南北朝时期有谢褒和费揖、费立父子，唐代仅有仲子陵；从宋代开始越来越多，宋代有何栗、何棠、何榘家族，李舜臣、李心传、李道传、李性传家族，牟巘、牟子才父子，青阳简、青阳泰、青阳兢、青阳亮、青阳仲广、青阳旭、青阳师鲁、青阳兴宋等青阳氏家族，以及王齐愈、皇甫坦、李观、薛绂、杨羿、刘甲、赵次公、

---

① 乐山市地方志编纂委员会.乐山市志[M].成都：巴蜀书社，2001.

邓若水和茂真禅师、密印安民禅师、别峰宝印禅师、怀古大师等高僧；元代仅有牟应龙；明代有胡世安、杨基、陈演、张庭、宿进、雷嘉祥、周鼎昌、童瑞、杨再传、甘嬷阿妞等，杨展、杨璟新父子，车会融、车舆父子，以及嘉州七贤张凤䃔、章寓之、王宣、安磐、徐文华、程启充、彭汝实；清代有雷畅、雷翀霄、雷轮家族，李拔、吴锡昌、吴克昌、余光祖、曾志春、朱曙孙、张熙宇、张瑞、张崇元、李嘉秀、龚煦春、王庭诏、朱轸裔、曾志春、宋士杰、王泰阶、罗迪楚、李学东、邹祥海、雷天扬、李炳奎等；近现代历史名人品牌众多，有郭沫若、郭开文、郭培谦、郭和夫、廖平、熊克武、陈敬容、曹葆华、何克希、章泯、胡坤生、贺昌群、丁佑君、王陵基、金满成、官焱森、王达非、吴子春、吴鹿平、遍能、林学通、左海明、文幼章、杨化群、陈宗常、税钟麟、陈孔白、邹国宾、方潮珍、金硕甫、刘廉清、刘立平、杨韬、芷邨创、廖宗纶、万希成、徐华、毛英才、彭劢农、彭为工、邱骏、李静波、葛义先、杨勤安、李源澄、汤光先、王志仁、王炳章、尧茂书、毛文书、丁孝浓、梁南、李琼久、李道熙、杨风、刘朝东、罗孟汀、熊世森、何康成、张志成、张悲鹭、张邯、江尔逊、陈鼎三、耿福东等。

乐山从古至今的管辖范围多有变迁，尤其是眉山析出置市后，很多历史名人品牌从地域上看都属于眉山市。由于区域建制沿革引起的历史文化底蕴差异，历史名人品牌在各区县空间分布并不均衡，其中建制最为悠久的井研县和市中区、夹江县最为丰富。井研县源于战国后期秦国灭蜀国后在武阳县下所置井研镇，隋朝废蒲亭县置井研县，建制历史悠久，加上紧邻文化土壤深厚的眉山市，孕育了何栗、李心传、牟应龙、韩驹、胡世安、陈演、雷畅、廖平、熊克武等为代表的大批历史名人品牌，并且拥有很多家族历史名人品牌，如何栗、何棠、何桀何氏三贤家族，李舜臣、李心传、李道传、李性传井研四李家族，以雷畅为代表的雷氏家族，牟子才、牟巘、牟应龙祖孙三才人家族，吴锡昌、吴克昌家族，青阳简、青阳泰、青阳兢、青阳亮、青阳仲广、青阳旭、青阳师鲁、青阳兴宋等青阳氏八进士家族。市中区和夹江县是秦代蜀郡南安县和汉代犍为郡南安县的核心管辖范围，建制历史悠久；市中区历史上多为府、州、郡治所在，孕育了以邓通、杨基、陈敬容、曹葆华、毛文书、胡坤生为代表的大批历史名人品牌；夹江县有以杨宗、杨畅、费诗、皇甫坦、彭劭农、江尔逊等为代表的一批历史名人品牌，其中还有三国魏晋时期的费贻、费诗、费揖、费立等费氏家族和近代革命家族彭劭农、彭为工父子。峨眉山的名字早见于西周，春秋时期已闻名天下，但隋代才正式改平羌县置峨眉县。尽管西汉初年就设置了管辖区域广大的犍为郡，但犍为县的建制隋代才出现。因此，峨眉山市和犍为县的历史名人品牌相对井研县、市中区和夹江县要少一些。沙湾区除了世界级历史名人品牌郭沫若外，跟五通桥区一样，历史名人品牌不多。域内南部区县紧挨或属于彝族聚居区域，历史上经济、文化不甚发达，历史名人品牌稀少，如马边和峨边彝族自治县，以及没有代表性历史名人品牌的沐川县和金口河区。

表 5-8　乐山籍历史名人品牌空间分布表

区域		历史名人品牌
井研县		陈演、胡世安、廖平、吴锡昌、吴克昌、张崇元、左海明、曾志春、韩驹、刘廉清、龚煦春、廖宗纶、邓若水、萧蕙父、邱骏、但懋辛
	何氏三贤	何栗、何棠、何㮚（兄弟）
	井研四李	李舜臣、李心传、李道传、李性传（父子）
	雷畅家族	雷嘉祥、雷畅、雷翀霄、雷轮（五进士、十五名举人、九子十翰林）
	牟子才家族	牟巘、牟子才、牟应龙
	青阳家族	青阳简、青阳泰、青阳兢、青阳亮、青阳仲广、青阳旭、青阳师鲁、青阳兴宋（八进士）
市中区		邓通、五梁、杨基、王陵基、薛绂、刘甲、徐文华、朱曙孙、赵次公、朱轸斋、张瑞、胡坤生、林学逋、毛文书、陈敬容、曹葆华、陈宗常、文幼章、密印安民禅师、遍能、章寓之、王宣、安磐、徐文华、程启充、彭汝实、杨风、张邶、刘朝东、丁孝浓、刘立平、杨韬、陈鼎三
	杨展家族	杨展、杨璟新（父子）

区域		历史名人品牌
夹江县		杨宗、杨畅、皇甫坦、张庭、宿进、周鼎昌、王庭诏、瞿君、赵孟麟、谢褒、李阿真人、张凤班、李观、李炳奎、徐华、江尔逊、毛英才
	费氏家族	费贻、费诗、费揖、费立
	彭劢农家族	彭劢农、彭为工（父子）
峨眉山市		仲子陵、何克希、张熙宇、章泯、杨纯、杨化群、梁南、金满成、王达非、王泰阶、耿福东、茂真禅师、别峰宝印禅师、怀古大师
	杨纯家族	万希成、杨纯（父女）
犍为县		晁公武、邵伯温、邵博、邵溥、左小娥、王齐愈、童瑞、李拔、余光祖、罗迪楚、官焱森、李琼久、李道熙、芷邨创、李源澄
	车会融家族	车会融、车舆（父子）
沙湾区		杨再传、雷天扬、汤光先、王志仁、王炳章
	郭沫若家族	郭沫若、郭开文、郭和夫、郭培谦
五通桥区		黄尚廉、丁佑君、张志成、张悲鹭、何康成、
	吴鹿平家族	吴鹿平、吴子春（父子）
马边县		贺昌群、李静波、李学东
峨边县		甘嫫阿妞、邹祥海、葛义先、杨勤安

（二）眉山区域建制沿革特征与历史名人品牌分布

西汉扬雄《蜀王本纪》载："蜀之先王者，有蚕丛、柏灌、鱼凫、开明。"传说古蜀国王蚕丛，曾在现今青神县境内衣青衣以行蚕事。秦国灭蜀国并在后来置蜀郡后，在今眉山市彭山区置武阳县，距今已经有2300多年的建制历史。与当今眉山及管辖区县行政区划较早的相关建制沿革可以溯源到"青神""武阳""眉""仁寿""陵州"等。"武阳"源于秦国所置蜀郡武阳县，在王莽新朝时曾为犍为郡治所，直到南齐时期；后来在唐玄宗时期改名彭山县，建制从未中断。"青神"源于西魏时期为了纪念蜀王蚕丛所置青衣县，北周时期改为青神县沿用至今。"眉"源于西魏时期改青州为眉州，历隋唐，宋太宗时改通义县为眉山县，其后眉州和眉山县多有反复废置，历朝历代眉山市所属和管辖范围多有变动。"仁寿"源于南朝时期梁置怀仁郡及所辖怀仁县，后改称普宁，隋文帝时改为仁寿，此后建制未曾中断；"陵州"始置于北周，历隋唐，到宋朝废为陵井监；洪雅县始置于南北朝时期的北周，丹棱县始置于隋朝，两县其后都多有废置。①

眉山正式的行政建制源于2300多年前秦国在彭山区境内所置蜀郡武阳县，建制历史久远，历史名人品牌出现时间很早。先秦时期，彭祖是商代贤大夫，蜀文化的开创者蚕丛自西周以来就是蜀地人民敬仰、祭祀的青衣神。眉山籍历史名人品牌在两汉及三国蜀汉时期较多，两汉时有杨涣、杨淮、杜抚、张壮、张胤、张皓、张纲等；三国蜀汉有张翼、张微、杨戏、杨洪、李光、李密等。隋唐时期历史名人品牌有一些，如隋代的释法泰，唐代的释道会、孙长孺、罗公远、成无为、张远霄、杨正见、李炼师等，五代的悟达、孙光宪、可朋、程承辩、孙知微杨义方等。到宋代，眉州人文荟萃，历史名人品牌远远超过四川其他地区，有苏洵、苏轼、苏辙、苏简、苏适、苏迟、苏迨、苏元老、程之邵、程之才、孙降衷、孙抃、孙辟、田锡、龙昌期、王小波、李顺、杨素、孙昭远、孙道夫、何栗、石扬休、何郯、承皓、释惟简、巢谷、程垓、任希夷、杨大全、宋德之、史克恭、吕陶、朱台符、程公许、杨文仲、杨栋、杨泰之、王当、任伯雨、任伋、杨恢、杨汝明、陈祐、任谅、唐文若、韩驹、唐重、孙逢、史次秦、师维藩、喻汝砺、陈希亮、陈与义、杜敏求、杜莘老、家安国、家定国、家勤国、家愿、虞允文、虞刚简、史尧弼、史尧文、家铉翁、家坤翁、唐淹、唐瞻、唐庚、唐庚、王赏、王称、李焘、李壁、李埴、程文应、彭百川、程遇孙、李从周等。在四川历史名人品

① 眉山市人民政府网站，http://www.meishan.gov.cn/.

牌稀少的元代，眉山仍有一些，如吴当、虞汲、虞集、虞盘等。明代有余子俊、刘江、万安、余榀、张景贤、余青野、彭万昆、张鹏、陈梗卿、杨仲琼等。清代有曾璧光、萧开泰、左绂兰、王中枚、吴慎、游文璇、彭珣、彭端淑、彭肇洙、彭遵泗、彭端徽、张可述、张柱等；近现代有张治祥、唐式遵、邵从恩、董宋珩、向传义、潘文华、刘伯华、梁津、石鲁、权树威、彭迪先、万明、曾一凡、冯建吴、王志之、何军林、陈英、黄汲清、毛燮均、阳廷安等。

眉山从古至今的隶属和管辖范围多有变迁，域内各区县由于建制沿革时间和行政建制级别的差异，历史名人品牌分布并不均衡，东坡区、彭山区和仁寿县较多，青神县和丹棱县次之，洪雅县相对较少。东坡区和彭山区俱为秦汉时期武阳县的管辖区域。东坡区行政建制最早可以溯源自南齐时期在域内所置齐通左郡，正式行政建制时间虽晚于彭山区，但历史上多为州、郡治所，孕育了以三苏、孙抃、万安、家铉翁、任希夷、孙昭远等为代表的大批历史名人品牌，并且拥有很多家族型历史名人品牌，如苏洵、苏轼、苏辙三苏家族，孙长孺、孙降衷、孙抃、孙辟孙氏藏书世家，史清卿、史炤、史尧弼、史尧文史氏家族，王当、王赏、王称家族，家铉翁、家坤翁、家安国、家定国、家勤国、家愿等家氏家族，任汲、任伯雨、任希夷家族，朱台符、朱昌符家族等。彭山区为秦国蜀郡武阳县和西汉犍为郡武阳县县治所在，从王莽新朝直到南齐时期为犍为郡治所，历史文化深厚，孕育了以商朝贤大夫彭祖、东汉宰辅张皓、东汉忠臣张纲、以《陈情表》感动天下的李密等为代表的众多历史名人品牌，并且拥有很多家族型历史名人品牌，如西汉开国功臣张良后代张壮、张胤、张皓、张纲、张翼、张微等，李光、李密家族，杨涣、杨淮家族，杨栋、杨文仲家族等。仁寿县行政建制最早可以溯源自南朝时期梁置怀仁郡及所辖怀仁县，虽不如彭山区的建制沿革历史悠久，但曾为怀仁郡及隋唐时期陵州治所，拥有以虞允文、虞刚简、虞集、孙光宪、龙昌期、何郯、韩驹、程遇孙、石鲁等为代表的大批历史名人品牌，家族型历史名人品牌有虞允文、虞刚简、虞汲、虞集、虞盘等虞氏家族和石鲁、冯建吴兄弟。青神县是开国蜀王蚕丛耕织之地，行政建制最早

091

可以溯源自西魏时期为纪念蜀王蚕丛所置青衣县，拥有以蚕丛、陈希亮、王小波和李顺、王叔文等为代表的历史名人品牌，其中家族型历史名人品牌有杜甫后代杜敏求、杜莘老家族，陈希亮、陈与义家族，杨汝明、杨大全、杨仲虞、杨泰之、杨栋、杨文仲杨氏家族。丹棱县有以李焘、李壁、李埴、唐庚、彭端淑、杨素等为代表的历史名人品牌，其中家族型历史名人品牌有李焘、李壁、李埴家族，唐淹、唐瞻、唐庚、唐庚家族，彭万昆、彭珣、彭端淑、彭肇洙、彭遵泗、彭端徵六进士家族。洪雅县历史名人品牌相对其他区县少一些，有悟达、田锡、曾璧光、萧开泰等。

表 5-9　眉山籍历史名人品牌空间分布表

区域		历史名人品牌
东坡区		孙逢、孙昭远、任谅、可朋、李俊贤、王志之、释惟简、巢谷、万安、张景贤、左纫兰、王中枚、吴慎、宋辉、杨恢、史次秦、师维藩、喻汝砺、彭迪先、杨义方
	苏氏家族	苏味道、苏洵、苏辙、苏东坡，苏过、苏简、苏适、苏迟、苏迨、苏籀，苏元老；母程氏：外祖父程文应、程之邵、程之才、程埈
	孙氏藏书世家	孙长孺、孙降衷、孙抃、孙辟
	史氏家族	史清卿（苏轼兄弟之师）、史炤、史尧弼、史尧文
	王氏家族	王当、王赏、子王称
	家氏家族	家铉翁、家坤翁、家安国、家定国、家勤国、家愿
	任氏家族	任汲、任伯雨、任希夷
	朱氏家族	朱台符、朱昌符
彭山区		彭祖、杜抚、杨戏、罗公远、释道会、释法泰、程承辩、孙知微、宋德之、吕陶、杨洪、唐重、张治祥、刘伯华、李从周
	张氏家族	张壮、子张胤、子张皓、子张纲、张翼、张微
	李氏家族	李光、李密（父子）
	杨氏家族	杨栋、杨文仲（父子）
	杨氏家族	杨浃、杨准（父子）

区域		历史名人品牌
仁寿县		孙光宪、龙昌期、何郯、陈祐、韩驹、程遇孙、吴当、唐式遵、向传义、黄汲清、陈英、游文璇、潘文华、毛燮均、梁津、阳廷安
	石氏家族	冯建吴、石鲁（冯亚珩）
	虞氏家族	虞允文、虞刚简、虞汲、虞集、虞盘
青神县		蚕丛、王小波、李顺、邵从恩、梁慧星、王叔文、余榀、余子俊、余青野、曾一凡
	杜氏家族	杜敏求、杜莘老（祖孙）
	陈氏家族	陈希亮、陈与义（曾祖孙）
	杨氏家族	杨汝明、杨大全、杨仲虞、杨泰之
丹棱县		唐文若、杨素、孙道夫、万明、成无为、承皓、史克恭、彭百川
	李氏家族	李焘、李壁、李埴（父子）
	唐氏家族	唐淹、唐瞻、唐庚、唐庾（父子）
	彭氏家族	六进士：彭万昆、彭珣、彭端淑、彭肇洙、彭遵泗、彭端徽
洪雅县		悟达、田锡、刘江、曾璧光、萧开泰、何军林、张鹏、陈梗卿、杨仲琼、张可述、张柱

（三）南充区域建制沿革特征与历史名人品牌分布

南充正式的行政建制自战国时期秦灭巴国置阆中至今已有2300多年历史。与当今南充及管辖区县行政区划较早的相关建制沿革符号可以溯源到"充""阆""保宁""隆（陇）""蓬""顺庆"等。"充"最早可溯源自公元前500多年春秋时期建立的充国，为当时四川盆地的四个强大政权（巴、蜀、充、苴）之一；西汉初，析阆中县置安汉县、充国县；东汉后期，益州牧刘璋在南充境内置巴郡，辖安汉（郡治）、阆中、西充国县（充国更名）、南充国县（析充国县置）；南朝宋元嘉年间改南充国县为南国县，改西充国县为西国县，梁武帝年间改南国县为南部县，后改西国县为西充县。“充”作为建制符号，历史悠久，从未中断。“阆”源于公元前 318 年巴国灭充国，将国都迁往阆中；公元前 316 年秦灭巴国置巴郡阆中县；东汉后期，改巴郡为巴西郡，郡治从安汉迁阆中；唐、宋两朝置阆州；阆中的建制和“阆”作为建制符号和超级文化传承符号从未中断过；“保宁”源于五代时期后唐于阆州置保宁军；元代时阆州升格为保宁府，直到清末。“隆（陇）”源于南朝梁时期置隆城郡及西晋中期所置羌羊县改为仪隆县；唐代武德年间改巴西郡为隆州，后来为避唐玄宗李隆基讳改隆州为阆州，改仪隆县为仪陇县，建制延续至今。“蓬”源于北周时期所置蓬州及唐朝广德年间的蓬池县，蓬州建制直到民国时期被废改名为蓬安县，取蓬州、安汉县首字为名。“顺庆”源于南宋宝庆年间将唐武德年间所置果州升为顺庆府，元代置顺庆路，顺庆称呼直到现今。①

得益于悠久的建制历史，南充籍历史名人品牌从时间分布上看，最早可以溯及三皇五帝时期的华胥以及夏朝时期“有果氏”之国部落首领巴尔猛。两汉时期历史名人品牌较多，有司马相如、范目、纪信、落下闳，谯隆、谯玄、谯瑛、任文孙、任文公等。三国蜀汉历史名人品牌众多，远超四川其他地区，有张飞、陈寿、姚伷、黄权、黄崇、黄邕、马勋、马齐、马忠、马脩、周舒、周群、周巨、程畿、程祁、张嶷、张瑛、张护雄、谯周、谯熙、谯贤、谯同、龚谌、龚禄（龚德绪）、龚德皦、龚德衡等。唐代历史名人品牌较其他地区为多，有袁天罡、李淳风、鲜于叔明、鲜于仲通、鲜于士简、独孤樟、郑澥、宗密、何炯、尹枢、尹极等。宋代有陈省华、陈尧叟、陈尧佐、陈尧咨、张栻、游仲鸿、游似、马涓、蒲瀛、蒲师道、蒲宗孟、蒲宗闵、鲜于先、阎苍舒、薛式、李协恭、蒋山等。明代有陈大道，陈以勤、陈于陛、陈于阶、任瀚、韩士英、徐绍吉、杨文岳、廖惠、鄢本恕、蓝廷瑞、张永、张鉴、马觉、马铎、马廷用、马金、马仝、马晋明、马云锦、黄廷珍、黄希正、黄辉、任仪、

① 南充市地方志编纂委员会．南充市志[M]．成都：四川科学技术出版社，1994.

任维贤、吴玺等。清代有陈琮、李先复、严瑞龙、于之辐、蒙善宇、蒙元亨、蒙应瑞、张乾元、张有光、徐占彪、缪嘉惠、马士琼、马士阶、马士琪、马蔚、马羑等。近现代有朱德、罗瑞卿、任白戈、张澜、张思德、任乃强、戚应源、王敬德、项志平、项兆开、苏俊、杜培心、赵全英、周伯生、汪治国、谢昌林、杨仁叔、杨伯恺、罗天照、林修杰、杜彦波、吴季蟠、马瑞宁、杨德隆、杜光华、李鸣珂、李和鸣、王白与、韩全朴、柴意新、罗纶、王揖、于江震、康乃尔、肖秧、唐青山、宋献章、宋烈、杨世荣、安志敏、安东、梁天喜、莫春和、白崇友、杨国宇、蒋克诚、胡炳云、何以祥、黎光、李布德、汪易、王永维、贾永平、王恩洋、张怡荪、常玉、伍非百、魏时珍、蓝梦九、王叔云、彭海清、林季周、赵澧、陆石、鲜英、鲜伯良、陈全波、何忠发、赵完璧、陈昌、陈光第、席懋昭等。

南充市现有管辖区县较多，域内正式行政建制历史最为久远的当数阆中、安汉和西充。阆中建制历史悠久，建制级别较高，文化繁荣，战国中期曾为巴国国都，秦灭巴国后为巴郡最初的治所之地；宋代为保宁军治所，元明清时期为保宁府治所，明末清初作为四川临时省会达 17 年之久，保宁府阆中成为川陕历史上的重要商贸通道。阆中自古便是巴蜀地区的军事重镇，历代王朝先后在这里设置郡、州、府、道，是历代川北政治、经济、军事、文化中心。阆中悠久的建制历史孕育了以落下闳、范目、张栻、陈尧佐、袁天罡、李淳风、姚伷、黄权、马齐、周舒、程畿、谯玄、蒙应瑞等为代表的众多历史名人品牌。三国时期，仅效力蜀汉政权的阆中籍名臣就有 14 人，如黄权、马勋、程畿、姚伷、马齐、马忠、马脩、周舒、周群、周巨、程祁等。其中家族型历史名人品牌很多，如"一门两宰相""一门三状元"的陈氏家族，包括陈省华、陈尧叟、陈尧佐、陈尧咨、陈省华孙女婿傅尧俞等，尹枢、尹极状元家族，程畿、程祁家族，马齐、马忠、马脩家族，蒙善宇、蒙元亨、蒙应瑞三元将军家族，周舒、周群、周巨家族，谯隆、谯玄、谯瑛家族，任文孙、任文公家族，任仪、任维贤家族。西汉初，刘邦以将军纪信"诳楚存汉"之功分阆中县置安汉县，持续到隋代改名为南充县，南充县曾为唐代果州和宋元明清时期顺庆路（府）治所，1993 年被拆分组建新的顺庆区、嘉陵区和高坪区。顺庆区拥有以陈寿、罗瑞卿、任瀚、游似、独孤樟、郑澥、常玉等为代表的众多历史名人品牌。其中家族型历史名人品牌有张巉、张瑛、张护雄家族，游仲鸿、游似家族，龚谌、龚禄、龚德嶽、龚德衡家族。嘉陵区拥有以陈以勤、陈于陛、任白戈、任乃强、韩士英等为代表的一批历史名人品牌。其中家族型历史名人品牌有陈尧佐后裔"一门两宰相"家族，包括陈纪、陈大道、陈大猷、陈以勤、陈于陛、陈于阶等。高坪区历史名人品牌较少，有林修杰、李正义和黄廷珍、黄子元、黄辉、第黄熄家族。西充县建制源于西汉初年分阆中县所置充国县，东汉后期更名西充国县，南朝梁武帝年间改为西充县至今。西充拥有以纪信、谯周、何炯、马廷用、徐占彪、罗纶、张澜、彭海清等为代表的一批历史名人品牌。其中家族型历史名人品牌有马廷用家族，包括马觉、马铎、马廷用、马金、马全、马晋明、马云锦、马士琼、马士阶、马士琪、马蔚等和鲜英、鲜伯良家族。仪陇县建制历史源于南朝梁时期置隆城郡及西晋中期所置仪隆县，并曾作为唐代隆州治所，有以鲜于叔明、朱德、张思德等为代表的一批历史名人品牌，其中家族型历史名人品牌有鲜于世简、鲜于仲通、鲜于叔明、鲜于先家族。南部县建制历史可以溯及东汉后期所置南充国县，有以谯纵、蒲宗孟、陈琮、柴意新等为代表的一些历史名人品牌，其中家族型历史名人品牌有蒲师道、蒲宗孟、蒲宗闵家族。蓬安县和营山县历史名人品牌相对其他区县较少。

表 5-10　南充历史名人品牌区域分布表

区域		历史名人品牌
阆中市		华胥、范目、落下闳、黄权、蒲瀛、马涓、阎苍舒、薛式、徐绍吉、廖惠、蓝廷瑞、严瑞龙、咸应源、王敬德、杜彦波、马瑞宁、杨德隆、杜光华、宋献章、宋烈、安志敏、安东、梁天喜、莫春和、白崇友、蒋克诚、汪易、赵澧、肖秋、张宪、韩娥、吴玺、袁天罡、李淳风、张栻
	陈氏家族	陈省华、陈尧叟、陈尧佐、陈尧咨、傅尧俞
	尹氏家族	尹枢、尹极（兄弟）

区域		历史名人品牌
	程氏家族	程畿、程祁（父子）
	马氏家族	马齐、马忠、马脩
	蒙氏家族	蒙善宇、蒙元亨、蒙应瑞（"三元将军"）
	周氏家族	周舒、周群、周巨（祖孙三代）
	任氏家族	任仪、任维贤（父子）
	谯氏家族	谯隆、谯玄、谯瑛（祖孙三代）
	任氏家族	任文孙、任文公（父子）
顺庆区		陈寿、罗瑞卿、独孤樟、郑澥、任瀚、杨文岳、张永、张鉴、张有光、胡炳云、陆石、林季周、常玉、康乃尔、陈全波
	游氏家族	游仲鸿、游似（父子）
	龚氏家族	龚谌、龚禄（父子）
	张氏家族	张巙、张瑛、张护雄（父子）
嘉陵区		韩士英、项志平、项兆开、苏俊、杜培心、赵全英、罗天照、吴季蟠、韩全朴、贾永平、王恩洋、任乃强、任白戈、何忠发、赵完璧
	陈氏家族	陈尧佐后裔：陈纪、陈大道、陈大猷、陈以勤、陈于陛、陈于阶
高坪区		林修杰、李正义
	黄氏家族	黄廷珍、黄希正（黄子元）、黄辉、第黄馗
西充县		纪信、谯周、张澜、徐占彪、宗密、何炯、缪嘉惠、罗纶、王揖、杨仁叔、王缵绪、赵璧光、王叔云、彭海清、于江震、何以祥
	马氏家族	马觉、马铎、马廷用、马金、马龠、马全，马晋明、马云锦、马士琼、马士阶、马士琪、马蔚、马戬
	鲜氏家族	鲜英、鲜伯良（兄弟）

区域		历史名人品牌
仪陇县		朱德、张思德、杨国宇、黎光、李协恭、蒋山、陈昌、陈光第、席懋昭
	鲜于家族	鲜于世简、鲜于仲通、鲜于叔明、鲜于先
南部县		谯纵、陈琮、李先复、周伯生、汪治国、谢昌林、李鸣珂、李和鸣、柴意新、王永维、陈钦
	蒲氏家族	蒲师道、蒲宗孟、蒲宗闵（父子）
蓬安县		司马相如、王白与、萧毅肃、张怡荪、伍非百、魏时珍、蓝梦九、唐青山
营山县		鄢本恕、于之辐、张乾元、杨伯恺、邓锡侯、李布德、杨世荣

（四）达州区域建制沿革特征与历史名人品牌分布

据西汉扬雄《蜀都赋》、晋朝常璩《华阳国志》、南宋王象之《舆地纪胜》等文献记载，早在殷商时期，达州市渠县境内就居住着賨人，后来建立了賨国。[①]达州正式的行政建制自战国时期秦国置宕渠县至今已有2300多年历史。与当今达州及管辖区县行政区划较早的相关建制沿革可以溯源到"渠""宣汉""通""达"等。"渠"最早可以溯源到公元前314年左右战国时期秦国始置的宕渠县，三国蜀汉时期置宕渠郡，南朝梁置渠州，明洪武年间置渠县至今，建制悠久。"宣汉"源于公元100年左右东汉和帝时期始置的宣汉县，取义"宣扬汉王德威"，建制从未中断。"通"始于南北朝时期西魏改万州为通州，隋代改为通川郡，唐代复名通州并于通川县城置通川总管府。"达（达县、达川、达州）"出现较晚，始于北宋，通州改名达州，直到清后期改为绥定府。"大竹"源于唐代武周时期分宕渠县东部设大竹县，后被合并直到南宋绍兴年间复置至今。[②]

---

① （清）陈庆门，宋名立. 直隶达州志[M]. 北京：国家图书馆出版社，2018.

② 《达州市志》编纂委员会. 达州市志[M]. 北京：方志出版社，2009.

达州虽区域建制历史很长，但在古代本地籍历史名人品牌并不多。东汉时期有冯焕、冯绲、冯鸾、庞雄等。三国时期有蜀汉将领王平、王训父子。魏晋南北朝时期有成汉政权建立者李雄、李特家族。唐宋时期没有本地籍历史名人品牌。明代开始出现一些历史名人品牌，有唐瑜、杨芳、破山、李长祥、卫承芳等。清代历史名人品牌渐多，有唐甄、江国霖、马升、张乃谦、徐开运、徐万璧、李淑芳、张必禄、张由庚、张由基、王万邦、王聪儿、袁廷蛟、罗思举等。近现代历史名人品牌主要在革命军事领域，有徐彦刚、李家俊、唐伯壮、彭龙伯、雷玉书、张懋隆、刘行道、王成忠、邓述明、周伯仕、张天涛、李一才、蔡奎、徐德、龚成光、龚成洪、龚成会、龚宗堂、徐永弟、陈尧楷、杨超、彭友今、钟道泉、郑玲才、李依若、李斛、徐永孝、段可情、李长林、彭福礼、梁明伟、于桑、胡春浦、王惠德、刘昌杰、张江霖、张爱萍、陈伯钧、王维舟、向守志、魏传统、严政、侯正果、任思忠、李中权、瞿道文、孙继争、刘新权、王海廷、李永悌、王定烈、徐斌、张开基、蔡长元、陈挽澜、曾旭清、胡华居、王文模、黎玉玺、蔡长元等。

达州市所辖区县历史名人品牌分布，渠县源于秦国所置宕渠县，曾是宕渠郡郡治和渠州州治，建制历史最为久远，有以李特、李雄、冯焕、冯绲、王平等为代表的较多历史名人品牌，其中还有一些家族型历史名人品牌，如冯焕、冯绲、冯鸾家族，王平、王训家族，李特、李雄家族。今天的达川区和通川区管辖范围主要属于原达县的行政区划，行政建制历史可以溯及南北朝时期西魏改万州为通州及宋朝所置达州，也曾为州治和通川总管府所在地。其中，达川区有以唐甄、张爱萍、陈伯钧、魏传统、刘行道、卫承芳等为代表的一批历史名人品牌；通川区历史名人品牌稀少。宣汉县的建制始于东汉和帝时期，历史悠久，有以唐瑜、王维舟、袁廷蛟、周伯仕、孙继争等为代表的一批历史名人品牌，其中家族型历史名人品牌有王维舟、王波叔侄。大竹县和万源市建制历史相对要晚一点，大竹县置于唐代武周时期，万源市建制源于明代所置太平县，历史名人品牌都不是很丰富。大竹县有以范绍增、江国霖、张懋隆、彭福礼、蔡奎、破山等为代表的一批历史名人品牌；万源市有以张由庚、张必禄、李家俊、马升等为代表的一批历史名人品牌，其中家族型历史名人品牌有张必禄、张由庚、张由基家族。开江县历史名人品牌稀少。

表 5-11　达州历史名人品牌区域分布表

区域		历史名人品牌
渠县		庞雄、王万邦、李长林、于桑、胡春浦、王惠德、陈清泉
	李氏家族	李特、李雄、李慕、李流、李庠、李辅、李骧、李寿、李离、李云、李璜、李国、李荡、李始、李班、李保、李越、李期
	冯氏家族	冯焕、冯绲、冯鸾（祖孙）
	王氏家族	王平、王训（父子）
达县	达川区	张爱萍、陈伯钧、刘行道、卫承芳、郑玲才、严政、侯正果、任思忠、李中权、杨超、瞿道文、徐斌、刘新权、李一才、钟道泉、胡华居、黎玉玺、王文模、魏传义、段可情
	通川区	唐甄、魏传统、李长祥
宣汉县		唐瑜、向守志、袁廷蛟、周伯仕、孙继争、王海廷、李永悌、王定烈、张天涛、蔡长元、李依若、陈挽澜、曾旭清、罗思举
	王氏家族	王维舟、王波（叔侄）
大竹县		范绍增、江国霖、张懋隆、彭福礼、徐开运、徐万璧、彭友今、蔡奎、徐德、李斛、徐永孝、徐永弟、陈尧楷、破山、刘昌杰
万源市		李家俊、马升、张乃谦、张开基、杨芳、梁明伟
	张氏家族	张必禄、张由庚、张由基（父子）
开江县		徐彦刚、王成忠、邓述明

三、区域文化特征与历史名人品牌分布

区域文化特征是指在漫长的人类社会历史演进中，某个区域文化旅

游资源长期累积而形成的某些文化方面的特征，如全国性或区域性文化中心、宗教文化圣地、红色革命文化圣地、三国文化圣地等。区域文化特征与区域文化旅游资源禀赋相互协同演进。区域文化资源禀赋主要是指域内品位高、知名度高、历史悠久的文化吸引物的丰富程度，如世界文化遗产、国家 4A 级以上人文旅游景区等世界级、国家级文化旅游资源。这些文化资源是区域历史文化长期累积和传承的结果和体现，是本地文化土壤和氛围的支撑，对该地区历史名人品牌的丰度（包括横向的数量、类型、内部各区县分布等空间维度）和厚度（在纵向的各个朝代的时间分布）具有重要的影响。同时，它们又是超级文化符号和吸引物，古往今来多是文人墨客、达官商贾争相游览遗墨之处，从而吸引更多外地籍历史名人前来游历、传经问道和寓居等。

（一）乐山区域文化典型特征与历史名人品牌分布

1. 全国宗教文化圣地

乐山在历史上是道教和佛教兴盛之地，乐山境内历朝历代寺庙道观、宗教石窟雕塑分布广泛，相关的宗教历史名人品牌众多。峨眉山首先是作为全国道教名山而闻名天下。前有传说中天真皇人为道教信奉的前劫修真获得极道的远古仙人，曾隐迹峨眉山，轩辕黄帝曾来峨眉山问道；西周时期羌人葛由骑木羊入峨眉山。后有春秋时期楚国名士陆通来峨眉山隐居；战国时期"白猿祖师"司徒玄空创建峨眉武术；汉代的扬雄和唐代的李世民、李白、杜甫、孙思邈等历史名人闻道而来。即使在道教式微、佛教兴盛后，仍然有在山上修道的历史名人，如宋代医学家、著名道士皇甫坦及清代四川剑南道观察、圆通道人汪锡龄。东汉时期佛教开始传入乐山及峨眉山，唐宋时期峨眉山逐渐发展成全国佛教名山，成为中国四大佛教圣地之一。魏晋南北朝时期，高僧慧持、宝掌和尚、阿罗婆多尊者、淡然大师、明果大师等先后到峨眉山住锡修持，他们以相传峨眉山是普贤菩萨显灵和讲经说法之所为依据，将峨眉山作为普贤菩萨的道场，崇奉普贤菩萨。普贤菩萨的名气很大，广有信众，峨眉山被尊为普贤菩萨道场后，全山由道改佛，尤其是在唐代中期开凿举世闻名的乐山大佛以后，乐山地区佛教逐渐转盛，唐宋时期，两教并存，寺庙宫观得到很大发展。明代道教衰微，佛教日盛，僧侣一度达1700人之多，全山有大小寺院近百座。至清末寺庙已达150余座。[①]在峨眉山传经布道的佛教高僧，唐代有诗僧贾岛、慧通禅师，宋代有茂真禅师、密印安民禅师、别峰宝印禅师、怀古大师、柳本尊（佛教密宗第五代祖师）、继业三藏大师、纯白禅师，明代有宝昙和尚等，近现代有著名高僧遍能和中国第一比丘尼隆莲。这些宗教历史名人有些是乐山籍的，有些是外地籍长期在峨眉山修行布教的。

2. 知名文化旅游胜地

乐山人文和自然景观自古就非常丰富，以至于宋代诗人邵博写下了广为传颂的"天下山水之观在蜀，蜀之胜曰嘉州"。经过长期的文化累积和演化，境内现有3处世界遗产、2处国家5A级旅游景区、13处国家4A级景区、13处全国重点文物保护单位、4处国家非物质文化遗产。其中绝大多数是人文旅游景区，除了超级文化吸引物峨眉山和乐山大佛之外，位于青衣江边的夹江千佛岩景区是著名唐宋人文旅游景观，清溪古镇和罗城古镇是中国历史文化名镇，记录夹江悠久造纸历史和知名画家张大千乐山丹青岁月的夹江造纸博物馆是全国首家手工造纸博物馆和全国十大专业博物馆之一。全国佛教和道教圣地叠加四川古代水路交通要道及人文旅游资源富集地等特征，乐山吸引了无数外地籍历史名人来此游历和问道，从皇帝到文人墨客、达官商贾，如唐代的唐太宗李世民、李白、杜甫、贾岛、王勃等的宗教漫游和文人漫游，剑南节度使章仇兼琼和剑南西川节度使韦皋巡视乐山大佛修建情况，司空曙和薛涛随韦皋巡视游历，担任过唐代嘉州刺史的岑参、薛能、薛逢等诗人在乐山的文人漫游和仕宦游；宋代的苏洵、苏轼、苏辙父子三人，曾任四川制置使兼知成都府的范成大，贬谪宜宾的黄庭坚，嘉州通判、嘉定知府魏了翁，曾在嘉定任成都府路提点刑狱的邵伯温，以及宋祁、王十朋、韩驹等诗人在乐山的文人漫游和仕宦游；明代方孝孺、杨慎和清代的王士禛、李

① 唐长寿. 乐山佛教文化史谈[N]. 三江都市报，2018-07-24，第4版.

调元、张问陶等在乐山的文人漫游。汉代郭舍人、扬雄、宋代邵伯温及其子邵博、邵溥一家和晁公武以及近现代的画家王朝翔等历史名人被乐山的优美人文自然环境吸引而在此长期寓居。

3. 抗战大后方文化中心之一

乐山是抗日战争大后方之一，是当时的重要文化中心，造就了大批近现代历史名人品牌。随着国民政府迁都重庆，国家文化机关及重要高校、文化名流等也大量迁往内地，包括乐山。如财政部盐务总局迁驻五通桥；故宫博物院9000箱国宝藏于乐山安谷，7000箱存于峨眉；山东省图书馆5箱文物迁存于大佛寺；武汉大学、江苏蚕丝专科学校迁于乐山，四川大学南移峨眉。[①]尤其是武汉大学1938年4月西迁乐山，带来大量近现代历史名人寓居乐山。校长王星拱求贤若渴，广揽人才，在武汉大学营造了一个兼容并包、高度自由的学术环境，从而使武大得以迅速地吸引并集聚起一批阵容庞大的高水平学者：著名学者朱光潜出任教务长，辛亥义士赵师梅出任训导长；文学院有叶圣陶、刘博平、刘永济、朱东润、苏雪林、唐长孺、陈源等；法学院有周鲠生、燕树棠、杨端六、刘秉麟等；理学院有查谦、石声汉、高尚荫、李国平、桂质廷等；工学院有邵逸周、余忽、余炽昌等知名教授；陈寅恪、钱穆、熊十力、黄炎培、郭沫若等学术大师也曾到西迁的武汉大学讲学；1943年、1944年，世界著名科学史家、英国剑桥大学李约瑟博士先后两次到乐山访问武汉大学。乐山时期武汉大学教授少则100余人，多则近120人，可谓大师云集，极一时之盛。[②]中国病毒学研究创始人高尚荫在大渡河畔发现濒临绝迹、古老而珍稀的腔肠动物——中华桃花水母；现代传记文学开拓者朱东润在乐山写成《张居正传》，被誉为"二十世纪四大传记之一"；史学家吴其昌呕心沥血写下180万字的文史著作，最终积劳成疾，病逝乐山；武

① 魏奕雄. 乐山人民对抗日战争的贡献——纪念中国人民抗日战争胜利七十周年[N/OL]. 乐山日报，http://www.leshan.cn/GB/29/225353.html，2015-08-30.

② 殷月美. 武汉大学的"乐山时期"[EB/OL]. 乐山理论网，http://www.lsllw.cn/Article/Article.asp，2015-05-20.

汉大学校医董道蕴等人，查明当时流行于乐山的地方病系食盐中氯化钡中毒所致，并指导该校化学系学生彭少逸提炼出马前子碱，制成药剂医治，彻底根除了困扰乐山人多年的顽症。当时的武汉大学还涌现出了一大批非常优秀的校友，如美国阿波罗号登月飞船发动机的设计师黄孝宗、号称"台湾工业之父"的赵耀东，被誉为"中国计算机之父"的张孝祥，我国第一个自行设计建造的核电站——秦山核电站的总设计师欧阳予，著名经济学家刘涤源、谭崇台、刘诗白等，著名法学家端木正、姚梅镇，著名漫画家方成等。截至 2003 年年底，武大的毕业生和校友共有 80 人（次）当选为两院院士，其中就有彭少逸、俞大光、陈荣悌等 9 人曾就读于乐山时期的国立武汉大学。①

抗日战争时期，国民政府特聘马一浮在乐山乌尤寺创办复性书院。复性书院从 1939 年 9 月 15 日在乌尤寺开讲，到 1941 年 5 月 25 日停课，前后共讲学 1 年零 8 个月。报名参学者 800 余人，最终录取的授业学生不足 30 人，另有近 10 名旁听生（乌尤寺主持遍能法师、乐山县立中学教师杜道生等人曾参与旁听）。其间，马一浮担任主讲，沈敬仲、王培德、张立民、乌以风等人参与管理，陈寅恪、黄炎培、钱穆、熊十力、叶圣陶、沈尹默、寿景伟、张颐、赵熙、谢无量、贺昌群、黄建中等人被聘为讲座，熊十力被聘为住院讲座②。抗日战争时期，乐山接纳和新建了一批工矿，与乐山原有企业一同为乐山经济和社会的发展做出了贡献。李劼人、何鲁之、王怀仲、梁彬文、宋师度、卢作孚、侯德榜、马寅初等历史名人都曾经在乐山兴办过实业。

4. 隋唐以后的区域造纸中心

纸是文化传播、传承的重要材料和工具。乐山夹江的造纸在历史上具有重要地位，从隋唐初创到明清兴盛，夹江竹纸一步一步走向成熟，声名大噪。清康熙年间，夹江竹纸被御点为"贡纸"。乾隆年间，夹江竹

① 殷月美. 武汉大学的"乐山时期"[EB/OL]. 乐山理论网，http://www.lsllw.cn/Article/Article.asp，2015-05-20.

② 石念文. 抗战时期的乐山[EB/OL]. 乐山理论网，http://www.lsllw.cn/Article/Article.asp，2015-12-16.

纸又被钦定为"文闱卷纸"和"宫廷用纸"。抗日战争战时期，夹江成为大后方纸张重要产地，产量之多，种类之繁、品质之佳、技术之精均为全国之冠。国画大师张大千在夹江研制新纸成功，将夹江纸提升到与安徽宣纸齐名的地位。知名画家徐悲鸿、丰子恺和书画家赵熙、谢无量等历史名人慕名而来，流连于山水秀美的乐山、峨眉山采风和写生。[①]区域造纸中心和知名书画家的文化熏陶，孕育了在现代绘画史上具有重要影响的嘉州画派，创始人"嘉州八老"李琼久、李道熙、杨风、刘朝东、罗孟汀、熊世森、何康成、张志成都是乐山籍历史名人。

（二）眉山区域文化典型特征与历史名人品牌分布

眉山虽然没有世界文化遗产和国家 5A 级旅游景区，但文物古迹和文化旅游景点众多，共有全国重点文物保护单位 13 处。三苏祠在宋代以后逐渐发展成为一个超级文化吸引物；彭祖山是中华养生文化发祥地；中岩山是唐宋以来著名的风景名胜区；瓦屋山由于其独特的地理环境，是道家练功最为理想之地，道教文化源远流长，相传黄帝曾居住在瓦屋山，蚕丛、老子、张道陵、张三丰、邓通、辟支、诸葛亮、葛洪、岑参、苏轼、陆游、杨升庵、何绍基等都寻踪问道而来[②]。眉山典型区域文化特征主要表现为宋代区域文化中心和三苏文化圣地。

1. 宋代区域文化中心

宋代的眉州俨然成了巴蜀的文化中心，逐渐成为推进西蜀文化发展的力量源。一州四县就有 5000 人应试，教育规模之大不可想象。地方志对两宋眉州登科进士做过统计："眉州科第莫盛于宋。考旧志及雁塔碑所载，南北两朝中甲、乙科者八百八十人。"[③]其原因在于以孙氏书楼为代表的藏书文化、宋代全国著名的三大刻书中心和长期以来的徙居文化之地。

唐朝藏书家孙长孺任眉州彭山令，定居于眉山，喜欢收藏典籍，建

① 刘仁庆. 参观"四川夹江手工造纸博物馆"散记[J]. 纸和造纸，1989：57-58.
② 李后强. 瓦屋山道教文化[M]. 成都：四川民族出版社，2000：38.
③ （民国）眉山县志（卷 7）选举志.

藏书楼。黄巢农民起义军攻陷长安，唐僖宗逃难至蜀地，到眉山参观书楼感慨万分，遂榜书"书楼"两个大字，孙氏书楼遂名扬天下。五代时期，孙长孺后代孙降衷游学至洛阳，追随后周大将赵匡胤。北宋建立后，孙降衷不愿做官，请求皇帝允许他回去办好书楼，被宋太祖赐予眉州别驾官职，让他利用这份薪俸来办学，大量购置书籍。后来，孙降衷的孙子孙辟，在其兄孙抃（官至参知政事）的帮助下，继续搜集购置书籍，建成"万卷书楼"，藏书为当时全国私家藏书之最。孙辟又开设书塾，延师收徒讲学，远远近近的读书人争相前来听讲求学，时人称为"山学"。北宋文学家、历史学家宋祁晚年为官成都时，曾作《寄题眉州孙氏书楼》。南宋魏了翁 1210 年为官眉州，曾作《孙氏书楼记》。南宋大诗人陆游数次游历眉山，诗赞眉山为"千载诗书城"，孙氏书楼起了不可磨灭的作用。①正因如此，眉山也吸引了不少书商刻书、印书，到南宋中叶，四川刻书事业中心由成都逐渐转移到眉州地区，眉州成为与杭州、建阳（今福建建州）鼎足而立的宋代全国三大刻书中心之一，为巴蜀甚至全国输送了大量的精神食粮。②

作为宋朝区域文化中心，眉山籍历史名人品牌众多，有闻名全国的东坡家族历史名人品牌，包括苏洵、苏轼、苏辙、苏简、苏适、苏迟、苏迨、苏元老、程之邵、程之才等；有庞大的文学家群体，包括苏轼、苏洵、苏辙、苏过、苏籀、陈与义、孙光宪、田锡、程垓、任希夷、韩驹、家安国、家定国、家铉翁、唐庚、吕陶、李壁、孙抃、史尧弼、程公许、石扬休等；有远较其他地区丰富的宋代宰辅群体，包括虞允文、孙抃、何郯、苏辙、陈与义、李壁、任希夷、李埴、杨栋、家铉翁等；还有数量众多的学者，如龙昌期、石扬休、任伯雨、任希夷、虞刚简、唐瞻、李埴、李焘、李壁、王赏、王称、彭百川、孙降衷、孙辟、杨素等。除此之外，还有孙昭远、孙道夫、承皓、释惟简、巢谷、杨大全、

---

① 孙文华. 孙氏书楼：缭绕眉州的千年书香[N/OL]. 华西都市报，https://e.thecover.cn/shtml/hxdsb/20170916/55461.shtml.
② 张若群，李景文. 宋代眉山刻书及其兴盛原因[J]. 乐山师范学院学报，2017，32（6）：62-65.

宋德之、史克恭、朱台符、杨文仲、杨泰之、王当、任伋、杨恢、杨汝明、陈祐、任谅、唐文若、唐重、孙逢、史次秦、师维藩、喻汝砺、陈希亮、杜敏求、杜莘老、家勤国、家愿、史尧文、家坤翁、唐淹、唐庚、程文应等其他历史名人。

2. 三苏文化圣地

三苏祠是北宋著名文学家苏洵、苏轼、苏辙的故居及祠堂。三苏故居始建于北宋；明代改宅为祠，并由眉州太守莫钝进行了维修扩建，明末毁于兵燹；清康熙四年（1664）眉州知州赵惠芽在原址模拟重建，后来的眉州知州黄元煐、眉州知州赵来震也进行了增修；中华人民共和国成立后进一步扩建，建立了三苏纪念馆，发展为国家4A级的三苏祠景区。祠内有苏洵、苏轼、苏辙和程夫人、任采莲、苏八娘、王弗、王闰之、王朝云、史夫人及苏家六公子等10余人的塑像，祠内珍藏和陈列有三苏父子的大量手迹、各种印版和拓版的诗文字画等文物和文献。迄今馆藏文物共有5188件，其中历代刻印的三苏文集及有关古籍3256件（册），字帖拓片578件，明清及近现代书画1044件，陶瓷及其他类352件；碑亭收藏68种145通碑刻，包括"丰乐亭记碑""醉翁亭记碑""表忠观碑"和"罗池庙碑"四大名碑的金石碑文或碑拓本；馆内还陈列有数以千计的匾联书画等文物珍品，也收藏有明代犀牛角杯、清象牙笔筒和瓷瓶等工艺品。[1]历经数百年的营造，三苏祠逐渐发展为蜀中最负盛名的人文景观，一直是文人墨客和广大民众拜祭圣贤的聚集场所。

自从宋代以来，瞻仰三苏故居、游历三苏故里的文人墨客、达官商贾众多，如南宋诗人陆游、宋祁、范成大、黄庭坚和画家李龙眠等；元代高丽诗人李齐贤；清代四川学政何绍基、文华殿大学士张鹏翮、江苏巡抚梁章钜、体仁阁大学士卓秉恬、军机大臣张之洞、四川盐茶使赵藩、四川督学使刘锡嘏、眉山书院主讲李梦莲、四川巡抚能泰；民国学者向楚、书法家刘孟伉、国民政府主席林森、四川省善后督办刘为立、四川省政府主席刘湘；中华人民共和国国务院总理张爱萍、中联部副部长李

---

① 眉山市人民政府网站，http://www.ms.gov.cn/.

一氓、书法家费新我、散文家吴伯箫、著名书法家和社会活动家赵朴初、学者吴丈蜀、画家关山月、诗人臧克家、学者赵长庚、学者姜书阁等。

3. 徙居文化之地

唐末、五代向蜀中的移民运动前后持续了一两个世纪。这个运动不是政府行为，而是关中及中原地区发生战乱，士民为躲避战争的自发行动。"安史之乱"期间，唐玄宗就带着大批人马逃到成都。唐末黄巢起义期间，唐僖宗再度避蜀，大批文武亦随之入川。五代时，因中原战争频仍，素号"天府之国"的西蜀无疑成了一方乐土，人们不约而同地越秦岭南徙。北宋靖康年间金兵攻占汴京，北方沦陷，也有过一次北人徙蜀的浪潮。历史统计表明，唐末五代时，眉州在四川各州中接纳移民最多。[①]当时避地者的心态，在惊魂未定之余，依据北方的经验，不少人或许认为作为巴蜀首府的成都及其附近仍不安全，于是顺岷江而下，到了眉州及隆州这些风景秀丽、物产富饶的地方。范镇在《石工部扬休墓志铭》中记述的石氏徙蜀就是典型的例子："七世祖藏用，右羽林大将军、员外里同正员。明于历数，既致仕，召家人谓曰：'天下将有变，惟蜀为最安处，又多佳山水，吾将避地焉。'乃去，倚其亲眉州刺史李搞，遂为眉州人。"[②]眉山紧邻四川政治、经济、文化中心成都，处在乐山—成都岷江黄金水道中游，交通便利，土壤肥沃，物产富饶，为北方士族大家庭避乱提供了良好的休养生息之所，离成都有一定距离既可以避开直接打击，但又不是太远，可以较为方便地获得政治资源、文化资源和信息资源，方便家族重新崛起。因此，徙居眉山的家族历史名人众多，如张壮、张胤、张皓、张纲、张翼、张微家族就是西汉开国功臣张良后代为避汉末乱世而徙居彭山；唐初书法家、文学家、凌烟阁二十四功臣之一虞世南的后世子孙虞允文、孙虞殷也曾避乱入蜀；东坡区家铉翁、家坤翁、家安国、家定国、家勤国、家愿这一支是从山西徙居而来；唐末徙居丹棱

---

① 刘琳. 唐宋之际北人迁蜀与四川文化的发展[M]//宋代文化研究：第二集. 成都：四川大学出版社，1992.

② 祝尚书. 论宋代文化中的"眉山现象"[J]. 四川大学学报（哲学社会科学版），2004，132（04）：105-110.

的李焘、李壁、李埴家族是唐宗室之后；青神杨汝明、杨大全、杨仲虞、杨泰之家族是从长安徙居而来。由于徙蜀者拥有典籍文化和仕宦文化的显著优势，后代涌现知名文学家、学者或高层官员的概率自然高得多。他们有过辉煌的家族史，对徙居地的带动作用和社会风气的影响力不可低估。

（三）南充区域文化典型特征与历史名人品牌分布

南充国家 5A 级旅游景区有 2 处，国家 4A 级旅游景区有 7 处，多是人文景区；全国重点保文物护单位 16 处；国家历史文化名城、中国四大知名古城之一的阆中古城和三国文化标志的万寿楼是古代南充超级文化符号和文化吸引物。南充区域文化的典型特征表现为三国文化发祥地、古代天文星象文化发达地和春节文化发祥地、红色革命文化圣地。

1. 三国文化发祥地

1993 年，来自美国、加拿大、日本及国内的 100 多名专家学者在南充举行"纪念陈寿诞辰 1760 周年暨三国文化国际学术研讨会"，会上海内外专家一致认为：陈寿撰写的《三国志》为罗贯中撰写《三国演义》提供了丰富的素材和深刻的思想启迪，没有《三国志》，就没有《三国演义》，没有《三国演义》，就没有三国文化。南充西山万卷楼是陈寿少年读书、晚年归隐撰定《三国志》的地方。早在唐代，陈寿的父老乡亲就在他少年读书的地方建起了万卷楼，以示纪念。南充境内三国胜迹众多，如万卷楼、张飞庙、诸葛寺、蜀汉大将军王平墓、谯周墓、赵云操兵演阵的将军碑、瓦口关古战场等。蜀汉五虎上将张飞任巴西太守，镇守阆中达 7 年，死后葬于阆中，后人所建桓侯祠（张飞庙）是纪念张飞的祠庙中唯一的国家级重点文物保护单位。[①]南充相关三国历史名人品牌众多，远较四川其他地区丰富，有诸葛亮、张飞、赵云、王平等外地籍历史名人和南充籍历史名人陈寿、黄权、马勋、程畿、姚伷、马齐、黄崇、

---

① 南充：三国文化溯源地，一部史诗传千古[EB/OL]. 四川新闻网，http://nc. newssc.org/system/20190729/002724447_2.htm.

黄邕、马忠、马修、周舒、周群、周巨、程祁、张嶷、张瑛、张护雄、谯周、谯熙、谯贤、谯同、龚谌、龚禄（龚德绪）、龚德瞰、龚德衡等。阆中作为巴西郡郡治，处于关中平原和成都平原之间的战略要地，上可以接应汉中，下可以直达江州通东线，是三国时期蜀汉军事重镇，仅效力蜀汉的阆中籍历史名人就有 14 人。因此南充是三国文化无可争辩的发祥地，万卷楼是海内外三国文化崇拜者的寻根访祖之地。三国文化是南充历史文化的重要组成部分，极大地丰富了南充历史文化的内涵。《三国志》中所反映出的谋略在今天被举为经典，在国内外广泛运用于政治、经济、军事、外交、教育等多个领域，三国文化作为中华民族文化遗产，已经超越了时代，超越了国界，并越来越广泛深入地在全国范围内、世界范围内产生强烈影响。

2. 古代天文星象文化发达地和春节文化发祥地

阆中人落下闳是西汉时期著名天文学家，创制了《太初历》，决定性地影响了中国历法结构；提出浑天说，创新中国古代"宇宙起源"学说；发明"通其率"，影响中国天文数学 2000 年；为推动中国天文学的发展起到了重要作用。2004 年国家天文台将其发现的国际永久编号为 16757 的小行星命名为"落下闳星"。①阆中古城作为世界千年古县和中国四大古城之一，有 2300 多年的历史，因其独特的地理环境和基于天文风水理论的古城建址被誉为"风水古城"。作为著名天文学家落下闳的家乡和历史上闻名全国的风水文化宝地，阆中孕育和吸引了大批历史名人。南充历史名人品牌中天文学家众多，有汉代的落下闳、谯隆、谯玄、谯英、任文公、任文孙，三国蜀汉时期的谯周、周舒、周群、周巨，还有长期寓居阆中的唐代天文学家袁天罡、李淳风。阆中还是春节文化的发源地，早在公元前 110 年，天文学家落下闳竖竿观日，以竿影长短确定出"夏至""冬至"，又根据一年中昼夜的长短变化确定出"春分""秋分"，在此基础上，确定了立春、雨水、惊蛰等二十四个节气。从此，"春节"以

---

① 阆中市人民政府网站，http://langzhong.gov.cn.

固定的节日出现在中华民族的历史上。^①落下闳又被称为"春节老人"，阆中被称为"中国春节文化之乡"，春节文化传统浓厚。

3. 红色革命文化圣地

南充是中国共产党川北支部所在地，革命家、教育家、"延安五老"之一的吴玉章和中国共产主义运动先驱杨闇公、张秀熟、袁诗荛等人曾到此宣传革命思想。大革命时期，刘伯承、黄慕颜等人在南充指挥泸顺起义，打响了巴蜀革命第一枪。第二次国内革命战争时期，南充是川陕革命根据地的重要组成部分，是红四方面军长征的主要出发地和红四方面军兵员的主要来源地，有 5 万多南充儿女参加红军，其中有 2 万多人在新中国成立后被认定为革命烈士。^②南充各地至今还保留着许多红色文化遗迹。其中，朱德故里是全国红色旅游示范区和全国首批爱国主义教育示范基地。南充革命军事领域历史名人品牌众多，有朱德、罗瑞卿、胡耀邦、任白戈、张澜、吴玉章、唐青山、宋献章、宋烈、杨世荣、安志敏、安东、梁天喜、莫春和、白崇友、杨国宇、蒋克诚、胡炳云、何以祥、黎光、李布德、汪易、张思德、杨闇公、林修杰、咸应源、王敬德、项志平、项兆开、苏俊、杜培心、赵全英、周伯生、汪治国、谢昌林、杨仁叔、杨伯恺、罗天照、杜彦波、吴季蟠、马瑞宁、杨德隆、杜光华、李鸣珂、王白与、李和鸣、王永维、贾永平等。其中胡耀邦、吴玉章、杨闇公属于新民主主义革命时期在南充开展革命活动的外地籍历史名人。在"100 位为新中国成立做出突出贡献的英雄模范人物"中，跟南充密切相关的就有张思德和杨闇公两位。

（四）达州区域文化典型特征与历史名人品牌分布

达州没有世界文化遗产和国家 5A 级旅游景区，有国家 4A 级旅游景区 10 处、全国重点文物保护单位 7 处，传承下来的知名人文旅游景区并

① 杨晓江. 春节文化发祥地，千年古城醉游人[EB/OL]. 四川新闻网，http://nc.newssc.org/system/20191008/002770182_2.htm.
② 张志森，文斌，梁冬荣. 南充：英烈鲜血浇灌的红色热土[N/OL]. 解放军报，http://nc.newssc.org/system/20191008/002770182_2.htm，2020-10-11.

不多，境内也没有品位高、知名度高、历史悠久的文化旅游吸引物，达州在历史上对那些文人墨客并没有很大的吸引力。

达州区域文化典型特征表现为红色革命文化。达州革命历史文化深厚，位于川北、川东四川革命历史文化带上。清后期发生了王聪儿等领导的川东白莲教起义和袁廷蛟等领导的东乡抗粮斗争等反抗封建统治的革命活动。达州是四川革命史上的星火燎原之地，在新民主主义革命时期，川东、川北先后创立了几个革命根据地，如王维舟等人1929年创立的川东游击革命根据地、王维舟等人1932年创立的虎（城）南（岳）大（树）游击革命根据地、全国第二大苏区的川陕革命根据地，达州是这些革命根据地的重要组成部分。王维舟组织建立的清溪共产主义小组是川东第一个党的早期组织；李家俊等人发动的固军坝起义是川东第一次农民武装起义，川东游击队是四川第一支红色游击武装队伍，固军坝游击根据地是四川第一个农民武装游击根据地；红四方面军主动发起的三次进攻战役有两次都发生在达州境内，其中宣达战役是红四方面军战史上的经典战役；王维舟领导的川东游击军及其红三十三军是全国少有的地方游击武装整体改编成完整建制的军队；万源保卫战是决定川陕革命根据地生死存亡的关键战役，是红四方面军战史上规模最大、战斗最激烈、战时最长的战役，是关系着中国革命前途命运的重要战役之一。达州红色旅游资源非常丰富，全市现有革命遗址和红色纪念场馆328处，馆藏革命文物2295件，其中重要历史事件和重要机构旧址121处，重要历史事件及人物活动纪念地169处，革命领导人故居12处，重要烈士墓6处，纪念设施16处，其中各级文物保护单位56个，国家级文物保护单位1个；各级爱国主义教育基地37处，其中万源保卫战战史陈列馆是国家级爱国主义教育基地。[①]

达州军事革命领域历史名人品牌众多。在达州这片热土上生活、战斗、工作过的开国将帅和省部级以上领导干部达300多人，其中元帅2人，大将1人，上将14人（含1988年授衔的），中将35人，少将274

---

① 达州市人民政府网站，http://www.dazhou.gov.cn/.

人；国家主席、副主席 2 人，国务院副总理 4 人。徐向前、李先念、许世友等老一辈无产阶级革命家曾在这里浴血奋战，13 万巴渠儿女参加红军，2 万多人英勇捐躯，孕育了王维舟、张爱萍、魏传统等 50 多位共和国将帅。从达州走出 22 位共和国开国将军和 50 多位省部级及以上领导干部，涌现了 20 多位全国、全省著名的革命烈士和战斗英雄。[①]达州籍革命烈士有徐彦刚、李家俊、唐伯壮、彭龙伯、雷玉书、张懋隆、刘行道、王成忠、邓述明、周伯仕、张天涛、李一才、蔡奎、徐德、龚成光、龚成洪、龚成会、龚宗堂、徐永弟、陈尧楷等人和外地籍的陈昌浩、余天云、熊厚发、汪烈山、徐世奎、柴洪儒、邹洪盛、陈海松、杨克明、罗南辉等。达州籍革命家、军事家和将军有张爱萍、陈伯钧、王维舟、向守志、魏传统、严政、侯正果、任思忠、李中权、瞿道文、孙继争、刘新权、王海廷、李永悌、王定烈、徐斌、张开基、蔡长元、陈挽澜、曾旭清、胡华居、王文模、黎玉玺、蔡长元等人和外地籍的徐向前、李先念、王树声、许世友、秦基伟、陈锡联、陈再道、傅钟、郭天民、洪学智、李聚奎、王宏坤、王建安、王新亭、谢富治、张宗逊、周纯全等。

四、区域特征与基于贡献领域的历史名人品牌类型分布

（一）乐山区域特征与基于贡献领域的历史名人品牌类型分布

乐山地处岷江、青衣江、大渡河三江交流之地，岷江和青衣江流经地区古代农耕经济较为发达，是成都—乐山岷江黄金水道的重要码头，自古即为川西和四川政治、经济、文化中心成都对外交流的水路交通要道，来来往往的文人墨客、达官商贾带来了重要的外部信息和新鲜的文化气息，同时也是道教和佛教文化圣地、隋代以后区域造纸中心和抗战大后方文化中心之一，加上拥有峨眉山和乐山大佛两处超级文化旅游吸引物，因此，乐山历史文化悠久，人文旅游资源富集，文化氛围浓厚，在漫长的历史发展进程中养育和云集了一代又一代历史名人，留下了大

---

① 达州市人民政府网站，http://www.dazhou.gov.cn/.

量文化历史遗迹，共同构造了乐山特有的、厚实的历史文化。

乐山历史名人品牌丰富，除军事革命领域外，各个领域都有代表性的历史名人品牌。其中，文学艺术领域历史名人品牌众多，有以杨基、郭沫若为代表的文学家、诗人、作家群体，陈敬容、曹葆华、金满成等翻译家，以及以李琼久、李道熙为代表的在现代绘画史上具有重要影响的嘉州画派众画家。思想教育领域历史名人品牌也比较多，如著名经学大师廖平，以郭沫若、李心传、贺昌群、李源澄为代表的史学家群体。科学技术领域有一些历史名人品牌，如华罗庚的老师、数学家胡坤生以及有机化学家郭和夫等，还有以皇甫坦、茂真禅师、毛文书为代表的一些医学家。国家治理领域的历史名人品牌较多，有何栗、李性传、陈演、胡世安、郭沫若、雷畅、童瑞等。由于处在道教和佛教文化圣地，宗教领域的历史名人品牌远远多于其他地区。其中一些历史名人品牌还是横跨多个领域且都做出巨大贡献的复合型品牌，如郭沫若（文学家、历史学家、新诗奠基人之一、政务院副总理）、杨基（诗人、画家、明初吴中四杰之一、明初十才子之一、按察使）、仲子陵（诗人、儒学家）、李心传（文学家、史学家、工部侍郎）、晁公武（目录学家、藏书家、名臣）、胡世安（武英殿大学士、文学家）等。

表 5-12　乐山历史名人品牌类型分布表

类型		历史名人品牌
文学艺术领域	文学家、诗人、词人、作家、	郭舍人、仲子陵、贾岛、李心传、邵伯温、邵博、杨基、胡世安、朱轸裔、郭沫若、陈敬容、曹葆华、梁南、刘廉清
	翻译家	陈敬容、曹葆华、金满成
	书画家	牟应龙、杨基、王朝翔、张悲鹭、张邨；嘉州画派：李琼久、李道熙、杨风、刘朝东、罗孟汀、熊世森、何康成、张志成
	电影音乐	章泯

类型		历史名人品牌
思想教育领域	思想家	仲子陵、廖平、李源澄
	教育家	李源澄
	目录学家	晁公武
	历史学家	郭沫若、李心传、贺昌群、陈宗常、李源澄、龚煦春
	文字学家	郭沫若
科学技术领域	科学家	胡坤生、郭和夫、万希成、耿福东
	医学家	皇甫坦、茂真禅师、毛文书、江尔逊、陈鼎三
国家治理领域	政治家、高层官员	郭沫若、何栗、李性传、李观、陈演、胡世安、雷畅、车鳎、童瑞、张凤翮、丁孝浓
	知名中层官员	杨宗、杨畅、赵孟麟、费贻、费诗、五梁、费揖、费立、邵博、邓若水、李道传、青阳泰、邵伯温、车子才、章寓之、徐文华、彭汝实、程启充、安磐、张庭、宿进、杨基、杨展、周鼎昌、杨再传、李拔、雷翀霄、雷轮、雷天扬、罗迪楚、李炳奎、郭开文
军事革命领域	将军	何克希
	革命烈士	丁佑君、彭为工、毛英才、邱骏、李静波、左海明、林学逋、刘立平、杨韬
	辛亥革命先驱	熊克武、彭劭农、陈宗常、廖宗纶、王炳章、万希成、税钟麟、陈孔白、邹国宾、方潮珍、金硕甫
	起义领袖	王泰阶、李学东、宋士杰
宗教领域		海通和尚、宝掌和尚、慧持和尚、阿罗婆多尊者、淡然大师、慧通禅师、茂真禅师、柳本尊、继业三藏大师、纯白禅师、密印安民禅师、别峰宝印禅师、怀古大师、明果大师、宝昙和尚、皇甫坦、瞿君、汪锡龄、遍能、隆莲、杨化群
实业家		邓通、青阳简、吴子春、吴鹿平、宁芷邨、王达非、彭劭农、郭培谦、王炳章

类型	历史名人品牌
其他	左小娥（汉安帝刘祜的生母）、刘娥（宋朝临朝称制的章献皇后、常与汉之吕后、唐之武后并称）、文幼章（传教士）、尧茂书（万里长江第一漂）、曹敬姬（烈女）、谢姬（烈女）

（二）眉山区域特征与基于贡献领域的历史名人品牌类型分布

眉山地处古代川西水路交通要道成都—乐山岷江黄金水道上，属于成都平原核心区，土壤肥沃，物产富饶，紧邻四川古代政治、经济、文化中心成都，区域建制历史悠久，是蜀文化的核心区域，加上以孙氏书楼为代表的藏书文化、宋代全国著名的三大刻书中心、三苏文化圣地和徙居文化之地等区域文化特征，眉山历史上尤其是宋代文化繁荣、名人荟萃，历史名人品牌十分丰富。

文学艺术领域历史名人品牌众多，有以"三苏""江西诗派"诗人韩驹、元诗四大家之一的虞集、清代蜀中三才子之一的彭端淑为代表的大量知名诗人、词人和以苏轼、程承辩、石鲁为代表的书画家。思想教育领域历史名人品牌众多，有龙昌期、唐淹、苏洵、吴当、虞集等思想家，李焘、李壁、李埴、王赏等史学家，以及孙长孺、孙降衷、孙辟、杨素等藏书家。国家治理领域的历史名人品牌众多，有张皓、苏味道、孙抃、何郯、苏辙、陈与义、虞允文、李壁、任希夷、杨栋、家铉翁、万安、张壮、张胤、孙光宪、田锡、李埴、程公许、杨汝明、余子俊等。瓦屋山道教文化源远流长，且紧邻道教和佛教圣地峨眉山，故眉山宗教领域的历史名人品牌也较多，如可朋、释惟简、承皓、罗公远、成无为、张远霄、悟达等。

其中有很多历史名人品牌是横跨多个领域的复合型品牌，如苏轼（文学家、书法家、画家、礼部尚书）、苏辙（文学家、宰相）、苏洵（文学家、思想家、政论家）、李密（文学家、官员）、田锡（政治家、文学家、右谏议大夫）、任希夷（学者、文学家、参知政事）、陈希亮（良吏、桥梁专家）、陈与义（诗人、参知政事）、虞允文（丞相、政治家、军事家、抗金英雄）、家铉翁（词人、抗元名将、签书枢密院事）、李壁（文学家、史学家、政论家、参知政事）、李埴（学者、制置使、同签书枢密院事）、虞集（儒学家、诗人、名臣）、曾璧光（书法家、帝师、巡抚）、彭端淑（文学家、诗人、教育家、清代蜀中三才子之一）、冯建吴（书画家、诗人、美术教育家）等。

表5-13　眉山历史名人品牌类型分布表

类型		历史名人品牌
文学艺术领域	文学家、诗人、词人、作家	苏洵、苏轼、苏辙、苏味道、可朋、李密、陈与义、孙光宪、田锡、程垓、任希夷、韩驹、家安国、家定国、家铉翁、唐庚、李壁、苏过、虞集、彭端淑、彭肇洙、彭遵泗、王志之、冯建吴、吕陶、史尧弼、苏籀、程公许、石扬休、孙抃
	书画家	苏轼、程承辩、孙知微、唐重、曾璧光、石鲁、冯建吴、张柱
思想教育领域	思想家	龙昌期、唐淹、苏洵、吴当、虞集
	教育家	彭端淑、冯建吴、程遇孙、虞刚简
	藏书家	孙长孺、孙降衷、孙辟、杨素
	历史学家	李焘、李壁、李埴、王赏、王称、彭百川
	经济学家	彭迪先
科学技术领域	科学家	陈希亮、萧开泰、黄汲清、梁津
	医学家	毛燮均、陈梗卿
国家治理领域	政治家	张皓、苏味道、孙抃、何郯、苏辙、陈与义、虞允文、李壁、任希夷、杨栋、家铉翁、万安
	高层官员	张壮、张胤、孙光宪、田锡、李埴、程公许、杨汝明、苏轼、余子俊、杨文仲、杨泰之、杨恢、苏迟、虞集、曾璧光、刘江、杨仲琼、曾一凡

类型		历史名人品牌
国家治理领域	知名中层官员	杨涣、张纲、张翼、张微、杨戏、杨洪、李光、李密、孙道夫、陈希亮、石扬休、宋德之、史克恭、吕陶、朱台符、王当、任伋、陈祐、任谅、唐文若、孙逢、史次秦、师维藩、喻汝砺、杜敏求、杜莘老、家愿、虞刚简、家坤翁、程文应、苏简、苏迨、苏元老、张可述、程之邵、程之才、吴当、余椲、张景贤、余青野、王中枚、彭端淑、彭肇洙、彭遵泗
军事革命领域	革命烈士	刘伯华、何军林、陈英、万明、阳廷安
	将领	虞允文、家铉翁、彭万昆、唐式遵、董宋珩、向传义、潘文华
	辛亥革命先驱	张治祥
	起义领袖	王小波和李顺
宗教领域		可朋、释惟简、承皓、罗公远、成无为、张远霄、杨正见、李炼师、释法泰、释道会、悟达
其他		彭祖、蚕丛、巢谷、邵从恩

（三）南充区域特征与基于贡献领域的历史名人品牌类型分布

南充虽然地形地貌以低山丘陵为主，但嘉陵江穿境而过，连接境内阆中市、南部县、仪陇县、蓬安县、高坪区、顺庆区、嘉陵区等多个区县，是古代川北、川东水路交通要道，古代阆中县和南充县是嘉陵江黄金水道的重要码头和军事重镇，境内大多数区域属于古代巴文化的核心区域，行政建制历史悠久、建制级别高于其他几个地区，尤以阆中市为最。再加上三国文化发祥地、古代天文星象文化发达地和春节文化发祥地、红色革命文化圣地等区域文化典型特征，南充自古文化繁盛，历史名人荟萃，各种类型都有典型的代表性历史名人品牌。

文学艺术领域历史名人品牌较多，有以司马相如、任瀚为代表的诗人、词人、作家和以常玉、黄辉为代表的书画家，还有川剧表演艺术家彭海清、陈全波。思想教育领域历史名人品牌众多，有张栻、谯周、周舒、袁天罡、李淳风等思想家，谯周、马廷用、任瀚、张澜、任乃强等教育家，陈寿、谯周、陈于陛、任乃强等史学家；南充历史上的状元众多，远远超过四川其他地区，如唐代状元尹枢、尹极、独孤樟、郑澥，宋代状元陈尧叟、陈尧咨、傅尧俞、马涓、李协恭。科学技术领域历史名人品牌比其他几个地区多，有治水专家陈尧佐、陈琮、数学家李淳风、土壤化学家蓝梦九、玉米育种家林季周和以落下闳、谯隆、谯周、任文孙、周舒、袁天罡、李淳风为代表的天文学家群体。国家治理领域的历史名人品牌相当丰富，现代有政治家朱德、罗瑞卿、张澜、任白戈等；古代也有众多宰辅，如唐代宰相鲜于叔明，宋代宰相陈尧叟、陈尧佐、游似，明代宰辅陈以勤、陈于陛等，还有以张飞、范目、纪信、陈省华、陈尧咨、韩士英、蒲宗孟、马廷用、李先复为代表的一批高层官员和众多中层官员。军事革命领域历史名人品牌众多，有军事家、革命家朱德、罗瑞卿，有以唐青山、宋献章、安志敏、安东、梁天喜、莫春和、白崇友、蒋克诚、胡炳云、何以祥等为代表的众多开国将军和以张思德、林修杰、戚应源、王敬德、项志平、杨伯恺、吴季蟠、李鸣珂、王白与为代表的大批革命烈士。其中一些历史名人品牌还是横跨多个领域且都做出巨大贡献的复合型品牌，如谯周（思想家、教育家、天文学家）、周舒（天文学家、经学家）、袁天罡（天文学家、玄学家、道士）、李淳风（天文学家、数学家、易学家、道士）、陈尧佐（宰相、治水专家）、陈尧咨（状元、武信军节度使、书法家）、陈以勤（宰相、史学家）、陈于陛（宰相、史学家）、马廷用（教育家、礼部尚书）、任瀚（教育家、嘉靖八才子之一、蜀中四大家）、朱德（革命家、军事家、政治家、元帅）、罗瑞卿（革命家、军事家、上将、副总理）、任白戈（革命家、政治家）、任乃强（历史地理学家、教育家、民族学家）、张澜（民主革命家、教育家、政治活动家）。

表 5-14　南充历史名人品牌类型分布表

类型		历史名人品牌
文学艺术领域	文学家、作家、诗人	司马相如、任瀚、陈尧佐、陈尧叟、黄辉、蒲瀛、马士琪
	书画家	常玉、陈尧佐、陈尧咨、黄辉、赵完璧
	艺术家	彭海清、陈全波
思想教育领域	思想家	谯周、周舒、袁天罡、李淳风、张栻
	教育家	谯周、马廷用、任瀚、任乃强、张澜、伍非百
	状元	独孤樟、郑澥、尹枢、尹极、陈尧叟、陈尧咨、傅尧俞、马涓、李协恭
	历史学家	陈寿、谯周、陈于陛、任乃强
	文字学家	张怡荪
	经济学家	王叔云
科学技术领域	科学家	陈尧佐、陈琮、魏时珍、蓝梦九、林季周、李淳风
	天文学家	落下闳、谯隆、谯玄、谯瑛、谯周、任文孙、任文公、周舒、周群、周巨、袁天罡、李淳风
国家治理领域	政治家	朱德、罗瑞卿、任白戈、张澜、鲜于叔明、陈尧叟、陈尧佐、游似、陈以勤、陈于陛、谯纵
	高层官员	张飞、范目、纪信、陈省华、陈尧咨、韩士英、蒲宗孟、蒲宗闵、马廷用、李先复、徐绍吉、杨文岳、张鉴、严瑞龙、马金、徐占彪、蒙应瑞、鲜于仲通、陈省华、张鉴、康乃尔、肖秋、于江震
	中层官员	张嶷、黄权、马忠、马齐、张瑛、程畿、龚谌、龚禄、张宪、鲜于世简、蒋山、吴玺、马觉、马铎、马龠、马仝、马晋明、马云锦、马蔚、游仲鸿、阆苍舒、陈于阶、张永、于之辐、张乾元、张有光、罗纶、蒲师道
军事革命领域	革命家、军事家	朱德、罗瑞卿、张澜
	将军	唐青山、宋献章、宋烈、杨世荣、安志敏、安东、梁天喜、莫春和、白崇友、杨国宇、蒋克诚、胡炳云、何以祥、黎光、李布德、汪易、陈钦

类型		历史名人品牌
军事革命领域	革命烈士	张思德、林修杰、戚应源、王敬德、项志平、项兆开、苏俊、杜培心、赵全英、周伯生、汪治国、谢昌林、杨仁叔、杨伯恺、罗天照、杜彦波、吴季蟠、马瑞宁、杨德隆、杜光华、李鸣珂、王白与、李和鸣、王永维、贾永平、陈光第、席懋昭、何忠发
	辛亥革命先驱	罗纶
	起义领袖	廖惠、鄢本恕、蓝廷瑞
其他	神话传说	华胥
	实业家	蒙元亨、鲜伯良、鲜英
	高僧、道士	何炯、宗密、薛式、袁天罡、李淳风、王恩洋

（四）达州区域特征与基于贡献领域的历史名人品牌类型分布

达州境内多山川沟壑，土壤和物产等生产生活条件和农耕经济发展水平无法与眉山、乐山地区相比。达州离蜀文化中心成都和巴文化中心重庆都有一定距离，且不位于古代水陆交通要道上。达州境内没有品位高、知名度高、历史悠久的文化旅游吸引物。因此，在区域地理特征、区域建制沿革特征和区域文化特征等方面，达州与省内乐山、眉山、南充等地相比并没有凸显优势，古代达州籍历史名人品牌并不多。相反，正是境内多山川沟壑，达州革命历史文化深厚。在新民主主义革命时期，川东、川北先后创立了川东游击革命根据地、虎（城）南（岳）大（树）游击革命根据地和全国第二大苏区的川陕革命根据地，达州是这些革命根据地的重要组成部分，红色革命文化特征凸显。因此，达州历史名人品牌类型主要集中在军事革命领域，以张爱萍、陈伯钧为代表的将军众多，知名革命烈士很多，此外还有一些辛亥革命先驱。

表 5-15　达州历史名人品牌类型分布表

类型		历史名人品牌
文学艺术领域	作家	段可情、李依若
	画家	李斛、钟道泉
思想教育领域	思想家	唐甄、刘行道
	教育家	唐瑜、陈伯钧
科学技术领域		郑玲才
国家治理领域	政治家、高层官员	张爱萍、李雄、卫承芳、陈伯钧、王维舟、彭友今、于桑、王惠德
	知名中层官员	冯焕、冯绲、庞雄、王平、杨芳、李长祥、马升、张必禄、王万邦、罗思举、江国霖、张由基、杨超、张江霖
军事革命领域	将军	张爱萍、陈伯钧、向守志、魏传统、严政、侯正果、任思忠、李中权、瞿道文、孙继争、刘新权、王海廷、李永悌、王定烈、徐斌、张开基、蔡长元、陈挽澜、曾旭清、胡华居、王文模
	革命烈士	徐彦刚、李家俊、蔡奎、彭龙伯、唐伯壮、雷玉书、王成忠、邓述明、周伯仕、张天涛、李一才、徐德、徐永弟、陈尧楷
	辛亥革命先驱	张懋隆、刘行道、王维舟、师至馨、李绍伊、肖德明、陈凤石、李功照、王子骞、颜德基、张从简
	起义领袖	袁廷蛟、王聪儿
其他		破山

五、基本结论

一个地区历史名人品牌分布的丰度（包括横向的数量、类型、内部各区县的空间维度）、厚度（在纵向各个朝代的时间分布）和黏度（对外来历史名人的吸引度）是当地区域地理特征、区域建制沿革特征和区域文化特征综合作用的结果，某个特色鲜明的区域特征会滋养并呈现出该地区某个领域更为丰富的历史名人品牌。

1. 区域地理特征对历史名人品牌分布的影响

地质、地貌、河流、气候、土壤等地理环境是一个地区人民生产生活的自然前提条件，对当地社会、经济、文化发展和人类活动具有重要影响。人类先祖在从高山走向丘陵、平原的过程中，总是逐水而居，大江大河流经的地方多是文化繁荣昌盛、农耕经济发达的地方，也多是古代重要的水路交通要道和军事战略要道，地理环境更为优越，文化气氛往往也更为浓厚，无论是本地籍的历史名人品牌，还是慕名而来的外地籍历史名人品牌都更丰富。比如省内地理环境更为优越的乐山和眉山比达州的历史名人品牌数量和类型都更为丰富。另外，地理环境的差异也可能导致历史名人品牌类型的差异，如地势较为平缓的乐山和成都平原的眉山土壤富饶，相较于位于川东北多为山川峡谷的南充和达州，文学艺术领域的历史名人品牌更为丰富。

某个地区是否位于重要通道上（如文化进化通道、巴蜀区域内部或对外的水陆交通要道、军事战略通道等）对历史名人品牌分布也有一定影响。通道上来来往往的文人墨客、达官商贾带来了新的信息、新的知识、新的思想，推动当地有志之士对外部更广阔世界的向往和求索，也会促进区域文化繁盛。如成都—乐山的岷江水道自古即为川西和成都对外交流的水路交通要道和军事战略要道，乐山一直都是这条黄金水道的重要码头，是达官显贵、文人墨客、商贾游客和各种军事民用物资进出川常经之地。

某个地区在历史发展进程中的关键区位对历史名人品牌分布也有一定的影响，区位优势意味着政治资源、经济资源、文化资源和信息资源等的汇聚优势。成都长期以来都是古代四川政治、经济、文化、军事中心，历史名人品牌分布无论是数量还是类型都远比四川其他地区丰富。眉山紧邻成都属于蜀文化核心区域，在朝代更迭的混乱时期，更是北方士族大家庭入蜀后避乱的理想地方，徙居眉山的家族历史名人众多，故眉山是四川除成都之外各市州中历史名人品牌类型最为丰富、名声最为响亮的地区之一。而乐山距离成都的交通距离在古代看来却不是很近，虽然同处成都—乐山岷江黄金水道上和交通、军事要道上，但从总体上看乐山籍历史名人品牌类型的丰富程度和知名度方面都要弱于眉山。阆中曾经作为古代巴国的国都、巴郡郡治所在和清顺治年间四川临时省治所在地，其现今所属的南充市境内大多数区域属于古代巴文化的核心区域，区位优势远远好于同处川东北的达州，故南充的历史名人品牌丰富程度在巴文化区域最为富集，在整个四川也都非常耀眼。

2. 区域建制沿革特征对历史名人品牌分布的影响

区域建制沿革特征包括域内正式行政建制时间、建制行政级别高低、建制连续度（未曾长期中断）等。区域建制沿革因素作为必要条件对历史名人品牌的厚度、丰度和传承来说有较大影响。

行政建制时间久远程度决定了该地区历史名人品牌分布的厚度，行政建制时间越早，历史名人品牌出现的时间就越早。战国后期，秦灭巴蜀后先后在川东北、川北、川西置县开始正式的行政建制，在今南充市境内置"阆中县"、达州市境内置"宕渠县"、眉山市境内置"武阳县"、乐山市境内置"南安县"。各个地区早期的历史名人品牌，除去先秦带有神话传说的历史名人外，都出现在两汉和蜀汉时期，也基本上属于这几个县级行政单位。如两汉及三国蜀汉时期乐山历史名人品牌邓通、左小娥、神仙李阿真人、费贻、瞿君、杨宗、杨畅、赵孟麟、费诗、五梁等，基本上属于汉朝南安县核心区域今夹江县和市中区。两汉及三国蜀汉时期眉山历史名人品牌杨涣、杨淮、杜抚、张壮、张胤、张皓、张纲、张翼、张微、杨戏、杨洪、李光、李密等都是彭山人。两汉及三国蜀汉时期南充众多历史名人品牌大部分为阆中籍，如范目、纪信、落下闳，谯隆、谯玄、谯瑛、任文孙、任文公等以及三国蜀汉政权的14位大臣和将领。东汉时期的冯焕、冯绲、冯鸾、庞雄和三国蜀汉将领王平、王训都是达州渠县人。行政建制时间比较晚的区县，建制曾经长期中断过的区县，历史名人品牌出现的时间也比较晚，数量上也不是很丰富，如乐山市峨边县、马边县、沙湾区、五通桥区等区县建制时间比较晚；达州市大竹县和万源市建制历史相对要晚一点，大竹县置于唐代武周时期，后被合并直到南宋绍兴年间复置至今；万源市建制源于明代所置太平县。这几个地区历史名人品牌都不是很丰富。

建制的行政级别越高，路、府、州、郡治所在的区县历史名人品牌相比其他区县则越丰富。比较典型的是南充的阆中市，建制历史悠久，建制级别较高，文化繁荣，战国中期曾为巴国国都，秦灭巴国后为巴郡最初的治所之地；宋代为保宁军治所，元明清时期为保宁府治所，明末清初作为四川临时省会达 17 年之久，保宁府阆中成为川陕历史上的重要商贸通道。阆中自古便是巴蜀地区的军事重镇，历代王朝先后在这里设置郡、州、府、道，是历代川北政治、经济、军事、文化中心。阆中悠久的建制历史因此孕育了众多历史名人品牌。

3. 区域文化特征对历史名人品牌分布的影响

区域文化特征对历史名人品牌分布的丰度（包括横向的数量、类型、内部各区县等空间维度）有重要影响，无论是对总体的各个领域历史名人品牌类型还是对某个具体的类型的刻画都有重要影响。

某个典型的区域文化特征会滋养出当地某个领域大量的历史名人品牌。比如，乐山在历史上是全国宗教文化圣地，境内历朝历代寺庙道观、宗教石窟雕塑分布广泛，以峨眉山和乐山大佛为典型代表。峨眉山是作为全国闻名的道教名山和佛教名山，因此，乐山宗教领域的历史名人品牌远远多于四川其他地区，有海通和尚、宝掌和尚、慧持和尚、阿罗婆多尊者、淡然大师、慧通禅师、茂真禅师、柳本尊、继业三藏大师、纯白禅师、密印安民禅师、别峰宝印禅师、怀古大师、明果大师、宝昙和尚、皇甫坦、瞿君、汪锡龄、遍能、隆莲等。又如，眉山作为以宋代全国著名三大刻书中心之一和孙氏书楼为代表的藏书文化著称的宋代区域文化中心，"眉州科第莫盛于宋；南北两朝中甲、乙科者八百八十人"①。因此，宋代眉山籍历史名人品牌众多。再如，南充作为三国文化发祥地，

---

① （民国）眉山县志（卷 7）选举志.

阆中作为巴西郡郡治和三国时期蜀汉军事重镇，三国历史名人品牌众多，远较四川其它地区为丰富。阆中作为著名天文学家落下闳的家乡和历史上闻名全国的风水文化宝地和天文学家汇聚之地，孕育了许多天文学历史名人。作为川陕革命根据地重要组成部分的南充和达州，红色革命文化兴盛，故革命军事领域历史名人品牌众多。

　　超级文化吸引物是某个地域深厚文化长期累积的结果，反映了该地区长期的文化繁盛，拥有超级文化吸引物的地区往往某些领域的历史名人品牌较多。超级文化吸引物又逐渐发展成为超级旅游吸引物，吸引更多外地籍历史名人来此游历和旅居。比如，峨眉山作为超级文化吸引物和超级旅游吸引物，吸引大批外地籍历史名人来此。又如，作为眉山超级文化吸引物和超级旅游吸引物的三苏祠，一直是文人墨客和广大民众拜祭圣贤的聚集场所，自从宋代以来，瞻仰三苏故居、游历三苏故里的文人墨客、达官商贾就络绎不绝。

第六章

四川历史名人品牌传播

传播是人类通过符号和媒介交流信息以期发生相应变化的活动（邵培仁）；是两个相互独立的系统之间，利用一定的媒介和途径所进行的、有目的的信息传递活动（吴长顺，2001年）；①是人与人关系赖以成立和发展的机制——包括一切精神象征及其在空间中得到传递、在时间上得到保存的手段，它包括表情、态度、动作、声调、语言、文章、印刷品、铁路、电报、电话，以及人类征服空间和时间的其他任何最新效果（库利）。②传播是人的一种基本社会功能。传播的基本要素有信源、信宿、媒介、信道、信息、反馈，传播的隐含要素有时空环境、文化背景、心理因素和信息质量。传播媒介和载体是传播发展的关键因素，传播媒介的发展进化推动了历史名人品牌的发展。在现代社会立体传播环境下，传播媒介日益多样化，传播方式日益丰富多彩，一些非常古老的传播媒介和方式如刻石立碑、印刷出版等获得了新的发展，报刊和影视等大众传播深度嵌入人们的生活，基于互联网的新兴传播方式如网站、网页、

---

① 刘庆振. 智能算法语境下的媒体、传播和广告再思考[J]. 新闻知识，2018（12）：3-6.
② 刘春花. 失语的传播机制解析[J]. 东南传播，2019（6）：65-68.

博客、公众号等勃兴；再加上义务教育普及后公众知识水平提升导致传播对象日益大众化，传播范围日益扩大化，历史名人品牌传播的广度和深度都获得了极大的拓展。

第一节　历史名人纪念物传播

一、纪念物传播媒介的演化

人类早期，由于受生产水平的限制，人们只能用自然物体来记载简单的文字符号，以记载重要的事件、传播经验和知识，常见的是用刀剑等工具把文字刻、画在岩壁、石碑、树叶、兽骨、石块、树皮等自然材料上。大多数人的经验和知识只能靠口头进行传播，这严重影响社会文化的传播传承。毛笔和墨的发明使古人找到了书写流利、省时省力的书写方法，书写不再是一件苦差事，基于休闲、赏析的书法艺术也开始出现。提高书法技能的重要途径是模仿好的书法作品，但是在古代写字好的人一般都是书吏之类，其大部分作品一般是政府公文，一般人很难见到。[①] 东汉灵帝四年（175），大臣蔡邕建议朝廷立石将重要的儒家经典全部刻在石碑上面，作为校正经书的标准本，在太学门前树立《诗经》《尚书》《周易》《礼记》《春秋》《公羊传》《论语》等七部儒家经典的石碑，共 20.9 万字，分刻于 46 块石碑上，每碑高 175 厘米、宽 90 厘米、厚 20 厘米，容字 5000 个，碑的正反面皆刻字，历时 8 年才全部刻成。成为当时读书人的经典，很多人争相抄写。[②] 一些历史名人过世后，其故里、长期寓居的地方或是过世地乡贤或官员常常组织修建祠堂、纪念楼堂、镌刻纪念雕像和墓碑等纪念物，如李白过世百年后山东济宁修建的太白楼、元延祐年间改三苏故居为祠堂并不断完善扩建的三苏祠。这些为历史名人个人修建的纪念物不断吸引后来人拜访和瞻仰，逐渐发展成为文化知识传播传承的公共纪念物。古代的文人墨客、达官名流往往寄情于祖国

---

① 东方暨白. 印刷术的历史[M]. 开封：河南大学出版社，2015：4-20.
② [美]卡德. 中国印刷术源流史[M]. 刘麟生，译. 太原：山西人民出版社，2015.

的大好河山，游历泼墨于一些知名的楼堂馆所和名山大川，留下大量作品、遗物和遗迹。这些作为公共纪念物的楼堂馆所、名山大川和历史名人品牌互相增辉，名闻天下，吸引了越来越多的参访者和拜谒者，成为历史名人文化传播的超级载体。随着经济发展和科学技术及建造技术的进步，现代社会有关历史名人的纪念物越来越多，呈现出立体化的纪念展示，既有纪念场馆如故居（旧居）、楼堂、祠堂、祀庙、墓冢和纪念地名（广场、道路、建筑物）、雕像、书法题词等传统形式纪念物，也有纪念邮票、纪念奖项节庆、纪念学校等现代形式纪念物。在具体内容的展示模式上，从以静态的作品、遗迹和遗物展示为主，逐渐过渡到以基于4G、5G网络技术、3D技术等现代信息技术为主的立体动态展示模式。

二、纪念物传播的形式及特征

纪念物传播是一种古老的传播媒介和方式。最为古老和常见的纪念物传播方式是刻字立碑，历史名人足迹所到之处，多会留下其笔墨真迹。历史名人籍贯地、出生地、为官地、旅居地、安葬地等地为了纪念历史名人，往往会镌刻他们的作品，在景区、公园或广场等显眼的地方塑立栩栩如生的雕像。随着生产力的发展和科学技术的进步，用以传播传承历史名人文化的纪念物类型越来越多，纪念馆、纪念碑及雕像建设和塑造速度与形式大为进步，那些历史悠久的传统纪念物融合于旅游产业和文化产业，爆发出了新的能量。在新的社会环境下，一些公共事物作为载体广泛用于纪念历史名人和传播历史名人文化，如纪念地名、纪念邮票、纪念奖项、纪念学校等。纪念物传播形式方便，不管风吹雨打都能看见；时间持久，有的历经上千年仍然留存；印象深刻，人们可以通过视觉、触觉等直接感知；跟旅游结合紧密，这些地方多成了重点文物保护单位和历史名人文化旅游区，来来往往的游客沉浸其中、拍照留念，感受传统文化的魅力。

纪念物最为集中且传播效果最明显的就是历史名人纪念场馆。在古代，历史名人纪念场馆主要有故居（旧居）、祠堂、祀庙、楼堂、墓冢等。

朝代比较久远的历史名人的故居（旧居）大多不复存在，一些纪念性的祠堂因为后世不断修缮得以长期保存，如全国各地数量众多的武侯祠，以及纪念苏轼的三苏祠、苏文忠公祠、东坡祠等；祀庙如纪念武则天的四川广元市皇泽寺；楼堂如位于四川江油市、安徽马鞍山市、湖北安陆市、山东济宁市等地的太白楼。现在各地多以修建纪念馆的形式纪念某个特别知名的历史名人，第一、二批四川十大历史名人基本上都修建了纪念馆。纪念馆多数以历史名人的故居（旧居）为基础建立，在这里历史名人相关的楼堂、雕像、作品、碑林、诗廊、遗物及其他后世纪念物等都比较集中。因为汇聚纪念物众多，影响广泛，一些知名的历史名人纪念馆已经被认定为国家或省级重点文物保护单位，成了游客如织的风景名胜区和文化旅游区。

表 6-1　部分四川十大历史名人纪念场馆

历史名人	纪念场馆形式	所属地区
李白	太白楼	四川省江油市、山东省济宁市、安徽省马鞍山市、安徽省歙县
	李白纪念馆	四川省江油市、山东省济宁市、湖北省安陆市、安徽省马鞍山市
	故居（故里）	四川省江油市、湖北省安陆市
杜甫	杜甫纪念馆	陕西省西安市长安区、四川省三台县、湖南省长沙市（杜甫江阁）、河南省洛阳市
	故居（故里）	四川省成都市青羊区（杜甫草堂）、河南省巩义市（故里）
	墓冢	河南省洛阳市（杜甫墓）
苏轼	祠堂	四川省眉山市（三苏祠）、陕西省凤翔市（苏文忠公祠）、江苏省徐州市（苏公馆）、广东省惠州市（东坡祠）、海南省海口市
	苏东坡纪念馆	四川省眉山市（三苏纪念馆）、湖北省黄冈市、浙江省杭州市、广东省惠州市、广东省广州市
	东坡书院	海南省儋州市

历史名人	纪念场馆形式	所属地区
诸葛亮	武侯祠	四川省成都市、河南省南阳市、湖北省襄阳市、山东省沂南县、陕西省勉县、陕西省岐山县、甘肃省礼县、重庆市奉节县、云南省保山市
	诸葛亮纪念馆	山东省沂南县诸葛亮故里纪念馆
	故居	湖北省襄阳市古隆中
武则天	武则天纪念馆	山西省文水县
	祀庙	四川省广元市皇泽寺
大禹	大禹纪念馆	四川省北川县、浙江省绍兴市（大禹陵）、陕西省西安市、陕西省宜川县（大禹治水纪念馆）、
	禹王庙（宫）	安徽省怀远县、重庆市、山东省威海市、四川省南江县、湖南省攸县
	大禹文化博物馆	湖北省武汉市

最为深入人们生产、生活的就是纪念地名，包括道路、广场、文化休闲园区、建筑物等。人们无论走路还是驾车都会经过以历史名人名字命名的道路，如四川省江油市、江苏省常熟市、江西省进贤县、山西省阳泉市、四川省乐山市、山东省济宁市等地的李白路（太白路）；人们会到以历史名人名字命名的广场上唱歌、跳舞和举行公共活动，如四川省江油市和德阳市、山东省济宁市等地的太白广场，四川省眉山市和乐山市、湖北省黄冈市等地的东坡广场；人们会到以历史名人名字命名的园区休憩、游玩，如四川省眉山市东坡区跟三苏相关的园区众多，有东坡湖、东坡城市湿地公园、苏轼公园、苏辙公园、苏洵公园、苏母公园、苏堤公园、东坡竹园、东坡醉月月季花博览园等；还有以历史名人名字命名的公共建筑，如四川省江油市李白艺术中心、广东省广州市小李白艺术馆，以及商业建筑，如四川省眉山市东坡区的东坡商业城、东坡印象影城、苏轼酒楼、东坡酒楼等。

表 6-2 李白、苏轼、郭沫若部分纪念地名

历史名人	纪念物形式	所属地区
李白	李白路（太白路）	四川省江油市（李白大道、诗仙路、天姥路、大鹏路）、山东省济宁市、四川省乐山市、湖南省常德市、江西省进贤县、山西省阳泉市、陕西省西安市
	太白广场	四川省江油市、山东省济宁市（太白广场、太白国际）、四川省德阳市
	建筑物	四川省江油市（李白艺术中心）、广东省广州市（小李白艺术馆）
	太白湖	山东省济宁市
苏轼	东坡路（东坡大道）	四川省眉山市（苏堤路）、四川省乐山市、海南省儋州市（东坡旅游公路）、广东省惠州市、浙江省杭州市（小东坡桥）、湖北省黄冈市（东坡井街）
	东坡广场	四川省眉山市（三苏广场）、四川省乐山市、湖北省黄冈市（东坡外滩）
	园区	四川省眉山市（东坡城市湿地公园、苏轼公园、苏辙公园、苏洵公园、苏母公园、苏堤公园、东坡竹园）、浙江省杭州市（东坡竹文化园、东坡大世界）、广东省惠州市（水东坡、东坡园、东坡荔枝园）、海南省儋州市（东坡坊）、湖北省黄冈市（东坡古玩城、东坡儿童城）
	建筑	四川省眉山市（东坡商业城、东坡印象影城、东坡酒楼）、湖北省黄冈市（东坡老年公寓）、浙江省杭州市（东坡大剧院、东坡文化大楼）
郭沫若	沫若路	四川省乐山市沙湾区、四川省乐山市市中区、安徽省合肥市
	沫若广场	四川省乐山市沙湾区、四川省乐山市市中区、安徽省合肥市
	建筑	四川省乐山市沙湾区（沫若公馆、沫若苑）、四川省乐山市市中区（沫若书城、沫若堂、若水苑）

尽管 1878 年清朝政府就发行了中国第一套邮票——大龙邮票，但邮票在我国大量使用是在新中国成立后，尤其是改革开放后。一方小小的邮票不仅仅是通信的需要，而且是民族文化和传统文化传播传承的载体。改革开放以来发行了一些以历史名人为题材的纪念邮票，如李白的头像、成语故事、诗歌出现在我国台湾地区、中国邮政及联合国发行的邮票上；苏轼的诗词、书法和画作出现在我国台湾地区、中国邮政发行的邮票上。以第一批、第二批四川十大历史名人为题材的邮票不少，如表 6-3 所示。随着网络信息技术的进步，更为方便和高效的通信方式出现，邮票的实用作用已经大大弱化了。

表 6-3　四川十大历史名人题材纪念邮票

历史名人	发行机构	邮票形式
大禹	中国邮政（2019）	《中国古代神话》（第 2 组 6 枚，第 6 枚为"大禹治水"）
李冰	中国邮政（1980）	《中国古代科学家》（第 3 组 4 枚，第 2 枚为李冰）
司马相如	中国邮政（2013）	《中国古代文学家》（第 3 组 4 枚，第 2 枚为司马相如）
扬雄	中国邮政（2013）	《中国古代文学家》（第 3 组 4 枚，第 3 枚为杨雄）
诸葛亮	中国邮政（2014）	《诸葛亮》（1 套 2 枚、小型张 1 枚）
	中国邮政（1990）	《三国演义》（1 套 4 枚，第 2 枚"三顾茅庐"）
	中国邮政（1992）	《三国演义》（1 套 4 枚，第 1 枚"舌战群儒"、第 2 枚"智激孙权"、第 4 枚"草船借箭"）
	中国邮政（1994）	《三国演义》（1 套 4 枚，小型张 1 枚，第 4 枚"火烧连营"）
	中国邮政（1998）	《三国演义》（1 套 4 枚，小型张 1 枚，第 1 枚"白帝托孤"、第 2 枚"孔明班师"、第 3 枚"秋风五丈原"、小型张"空城计"）

历史名人	发行机构	邮票形式
李白	台湾地区（1967）	《中国诗人》（1套4枚，第2枚为李白）
	台湾地区（1980）	《中国民间故事》（1套4枚，第1枚"磨杵成针"）
	中国邮政（1983）	《中国古代文学家》（第1组4枚，首枚为李白）
	中国邮政（2009）	《唐诗三百首》（1套6枚，第1枚《下江陵》）
	联合国（2015）	《世界诗歌日》（6个小全张，《静夜思》在其中）
杜甫	中国邮政（1962）	《杜甫诞生1250周年邮票》（1套2枚）
	台湾地区（1967）	《中国诗人》（1套4枚，第3枚为杜甫）
	中国邮政（1983）	《中国古代文学家》（第1组4枚，第2枚为杜甫）
	中国邮政（2009）	《唐诗三百首》（1套6枚，第2枚为《望岳》）
陈子昂	中国邮政（2009）	《唐诗三百首》特种邮票及陈子昂系列邮品
薛涛	中国邮政（1989）	《中国古代女诗人》纪念张（1套4枚，第4枚为薛涛）
苏轼	台湾地区（1995）	《寒食帖》（1套4枚，横式四连张）
	香港特别行政区（2005）	《神州风貌系列小型张（第4号）——钱塘江潮》（小型张1枚，配苏轼诗《望海楼晚景五绝·其一》）
	中国邮政（1988）	《中国兰花》（1套4枚，第1枚配苏轼诗《题杨次公春兰》）
	中国邮政（1989）	《杭州西湖》（1套4枚，小型张1枚，配苏轼诗《饮湖上初晴后雨二首·其二》）
	中国邮政（2010）	《中国古代书法——行书》[1套6枚，第3、4枚为苏轼书《黄州寒食诗》（局部）]
	中国邮政（2012）	《宋词》（1套6枚，第2枚配苏轼词《赤壁怀古》）

历史名人品牌具有作为文化品牌的价值，很自然地楔入人民群众的文化生活和国家的文化事业中，延伸到文化产业及文化产品上，一些历史名人相关地政府设立了以知名历史名人名字命名的纪念奖项、节庆，如四川省绵阳市李白文化创意产品设计大赛、李白诗歌奖，湖北省安陆市李白文化旅游节、"李白杯"全国诗歌散文大赛，安徽省马鞍山市李白诗歌节；四川省眉山市东坡国际文化节、中国创意管理东坡奖、东坡奖水电施工技能大赛，四川省眉山市、广东省惠州市、海南省儋州市、湖北省黄冈市的东坡文化节，河南省平顶山市东坡文学奖，中国苏东坡文化艺术研究会东坡诗歌奖；中国文联批准设立的郭沫若文艺奖，国务院批准在中国科技大学设立的郭沫若奖学金。

历史名人品牌具有作为教育品牌的价值，一些历史名人籍贯地、出生地、为官地、旅居地、安葬地政府及民间为了纪念历史名人，还以历史名人名字命名当地的一些中小学或大中专等教育机构，如四川省江油市太白小学、太白中学，陕西省宝鸡市太白中学，湖南省常德市李白溪学校；四川省眉山市东坡区的东坡小学、东坡中学、苏辙小学、四川大学锦江学院东坡学院，广东省惠州市东坡小学、东坡幼儿园、东坡培训中心、东坡文化艺术交流协会，浙江省杭州市东坡专修学校、东坡画院，湖北省黄冈市东坡小学、东坡文化艺术学院，海南省儋州市东坡学校、东坡中学，四川省成都市、湖南省常州市的东坡小学，江苏省宜兴市、安徽省滁州市的东坡中学；四川省乐山市沙湾区的沫若幼儿园、沫若小学、沫若中学、沫若实验中学，市中区的乐山师范学院沫若学院、沫若图书馆、沫若艺术团等。

第二节　历史名人品牌书籍传播

一、造纸术和印刷术的发展

东汉和帝时蔡伦改革造纸法，制出薄而均匀、纤维细密的新型纸，相比较西汉晚期已出现的纤维粗糙、着墨性能差纸张，大大提高了纸的书写性能，纸的主要用途开始从包裹、衬垫转向书写。汉代以后，纸工艺不断完善和成熟，并逐渐在我国各地推广起来，纸成了缣帛、简牍的有力的竞争者。公元 3 到 4 世纪，纸已经基本取代了帛、简而成为我国唯一的书写材料。纸的发明，使拓印成为可能，使每个书吏都能练就一手好字，也造就了三国及晋代大批书法家的出现。[①]唐代利用竹子为原料制成的竹纸，标志着造纸技术取得了重大的突破。[②]

造纸术的发展，使得生产出来的纸张质量越来越高，品种越来越多，纸张逐渐成为人们文化生活和日常生活的必需品，有力地促进了我国科学文化的传播和发展。西晋初年，官府有书 29 945 卷；南北朝时候，梁元帝在江陵有书籍 7 万多卷；隋代嘉则殿中藏书有 37 万卷，这是中国古代国家图书馆最高的藏书记录。同时，私人藏书也越来越多，如西晋郭太有书 5000 卷；张华搬家的时候，单是搬运书籍就用了 30 辆车子。[③]

印刷术的发明为知识的广泛传播、交流创造了条件。印刷术发明之前，文化的传播主要靠手抄书籍。手抄费时、费事，又容易抄错、抄漏。中国早在汉代就发明了纸和油烟、松烟两种墨，纸和墨的发明为印刷术的诞生奠定了物质基础。战国秦汉以来出现的印章、石刻和拓碑等复制文字、图画的方法又为印刷术的发明提供了技术条件和直接的经验性启示。中国的印刷术经过雕版印刷和活字印刷两个阶段的发展，是古代印刷术的重大突破。

雕版印刷术出现的时间大约在盛唐至中唐之间，并在唐朝中后期普遍使用。824 年，元稹为白居易自己编撰的诗集《白氏长庆集》作序，写道："二十年间，禁省、观寺、邮候墙壁之上无不书，王公、妾妇、牛童、马走之口无不道。至于缮写模勒，街卖于市井，或持之以交酒茗者，处处皆是。"模勒即模刻，持交酒茗则是拿着白诗印本去换茶换酒。可见在

---

① [美]卡德. 中国印刷术源流史[M]. 刘麟生，译. 太原：山西人民出版社，2015：11-17.

② 李晓岑. 浇纸法与抄纸法——中国大陆保存的两种不同造纸技术体系[M]. 合肥：中国科学院大学出版社，2011：72.

③ 东方瞾白. 印刷术的历史[M]. 开封：河南大学出版社，2015：24-27.

9 世纪初，印刷术已应用到诗歌方面去了。835 年前后，四川和江苏北部民间都曾"以板印历日"，拿到市场上去出卖。当时有人说民间所印历书"已满天下"，可知还不只四川和江苏两地印造。883 年，成都书肆能看到一些"阴阳杂记占梦相宅九宫五纬之流"的书，和"字书小学"，"率皆雕版印纸"……在印刷术发明后的最初二百年内，它已经是人民大众普及文化的一种重要媒介。可见唐代时成都的印刷业比较发达，不但印历书，也印其他各种书籍了。唐代刻印的书籍，保存下来只有一部咸通九年（868）刻印的《金刚经》，这本书是世界上现存的最早的雕板印刷书籍。①

宋代，雕版印刷已发展到全盛时代，各种印本甚多。北宋初年，成都印《大藏经》，刻板 13 万块；北宋政府的中央教育机构——国子监印经史方面的书籍，刻板 10 多万块。从这两个数字，可以看出当时印刷业规模之大。宋朝的雕版印刷，一般多用木板刻字，也有用铜板雕刻。到 11 世纪中叶（宋仁宗庆历年间），毕昇发明了活字印刷术，将印刷技术迈进了一大步。②

印刷术的发明促进了教育的普及和知识的推广。印本的大量生产使书籍留存的机会增加，减少了手写本因有限的收藏而遭受绝灭的可能性。印刷使版本统一，使得书籍的形式日渐统一。印本使读者养成一种系统的思想方法，并促进各种不同学科组织的结构方式形成。印本的广泛传播，使得书籍价格越来越便宜，人们的识字率提高，读者数量大大增加，更多人得以获得知识，知识传播范围也大大拓宽。③

二、书籍传播的形式及特征

人类的历史知识和文化大多是通过书籍传播下来的。但在古代，书籍制作周期长，制作成本高，同时受制于普通大众识字能力和文化程度普遍不高等情况，书籍出版的总体数量还十分有限。中华人民共和国成

① [美]卡德. 中国印刷术源流史[M]. 刘麟生，译. 太原：山西人民出版社，2015：33-39.

② 东方暨白. 印刷术的历史[M]. 开封：河南大学出版社，2015：59-67.

③ 金铮. 科举制度与中国文化[M]. 上海：上海人民出版社，1990：9-11.

立后尤其是改革开放以来，随着国民经济持续发展、出版业的兴盛、大众识字能力和文化程度快速提高、人民群众文化生活需要日益增长，出版了大量历史名人相关的各类图书，历史名人的各类作品不断再版，历史名人传记版本繁多，研究历史名人生平、事迹及其作品的著作也越来越多，历史名人文化和品牌获得了广泛深入传播。表 6-4 是在中国知网"读秀网"上以第一批、第二批四川十大历史名人中文学艺术领域历史名人为关键词，以"书名"和"作者"检索方式检索到的截至 2021 年年底的中文图书出版情况：

表 6-4　四川十大历史名人中的文学家相关图书出版情况

关键词	相关书籍		
	作品集	传记类著作	研究类著作
司马相如	22 种	19 种	32 种
扬雄	17 种	12 种	24 种
李白（李太白）	596 种	284 种	755 种
杜甫	728 种	325 种	1012 种
陈子昂	73 种	17 种	48 种
薛涛	7 种	17 种	16 种
苏轼（苏东坡）	806 种	395 种	1170 本
杨慎	707 种	9 种	23 种
李调元	472 种	8 种	14 种

第三节　历史名人品牌报刊传播

一、报纸的发展进化

《邸报》类古代媒介虽有现代报纸的雏形，但除照录上谕、奏折、皇帝起居及官吏任免奖惩消息外，没有刊载新闻，没有评论、广告及其他副刊文字，没有面向公众发行，没有定期出版，不是严格意义上的现代报刊。中国现代意义上的报刊诞生于鸦片战争前夕。第一份中文报纸是英国伦敦布道会传教士马礼逊和米怜 1815 年 8 月 5 日在马六甲创刊的《察世俗每月统记传》，月出一册。德国传教士郭士立 1827 年在广州创办的《广州纪录报》是中国境内的第一份英文报纸。美国传教士裨治文 1833 年在广州创办的《东西洋考每月统记传》是中国境内的第一份中文报纸。19 世纪，外国人在中国一共出版了 100 多种中外文报刊，占当时中国报刊总数的一半以上。直到 19 世纪末，中国官办、民办的报纸才逐渐多了起来。1895 年，即光绪二十一年，著名的维新变法派康有为、梁启超在北京创办强学会，并出版报纸《中外纪闻》(又名《万国公报》)，这是早期的中国人所办报纸中影响力较大的。当时仅北京就已经有几十种各类报纸，日印量过千。[①]20 世纪初期是中国报业的鼎盛时期，仅北京就有报馆 100 多家，发行报纸 300 多种。这一时期正值中国新文化运动时期，民主思想、人文精神通过大大小小的报纸渐入人心。共产主义的思想也在这一时期得以传播，在这方面报纸功不可没。《新青年》《国民》《每周评论》《京报》《新生活》等报刊为中国革命点燃了最初的星火；《晨报》每期的发行量更是创纪录地达到了 1 万份。[②]民国时期发行的报刊种类繁多，据《全国报刊索引》中《民国时期期刊全文数据库》(1911—1949)计划收录民国时期出版的期刊就有 25 000 余种。[③]民国时期，报刊作为一种新兴传播方式开始走上主流媒体的舞台，传播方式、传播速度和传播范围远远超过我国古代的一些小众传播方式。但由于民国时期文盲率较高[④]，报刊主要是在知识分子中间传播，大多数报刊发行时间都不长，发行量和发行范围都比较有限。

139

---

① 郭武群. 打开历史的尘封：民国报纸文艺副刊研究[M]. 天津：百花文艺出版社，2007：1-4.

② 李焱胜. 中国报刊图史[M]. 湖北人民出版社，2005.

③ 郭武群. 打开历史的尘封：民国报纸文艺副刊研究[M]. 天津：百花文艺出版社，2007：13-18.

④ 2009 年 10 月 1 日的《光明日报》提到："1949 年，全国 5.5 亿人口，文盲 3.2 亿。"由此可以算出，解放初的文盲率是 58.2%。

随着中华人民共和国教育体系的全面建立和扫盲运动的展开，我国的识字人数逐渐增多，虽然在新中国成立后前 30 年我国报刊发行种类和数量没有爆发性增长，但阅读报刊的人数却增加了，报刊的传播范围明显扩大了。改革开放后，我国报刊发行种类和数量出现了爆发性的增长。21 世纪以来，中国的报业发展已经不仅仅用迅猛可以形容。全国拥有报纸近 2000 种，年用纸量也超过了 300 万吨，这一数字达到了世界之最。到了互联网时代，纸质报纸发行数量急剧下降，各种报纸都纷纷转战互联网，发行电子版报纸。

二、报刊传播的形式和特征

报刊有固定名称，面向公众定期、连续发行；以静态的文字语言和视觉符号向大众传播信息；多是以近距离一对一的传播方式进行信息的传递；可随时阅读，不受时间限制，不会像电视或电台节目般错过指定时间报道的信息；受众具有大致相同的兴趣和偏好，且他们在阅读时拥有绝对的主动性和选择性；会互相传阅，读者人数可以是印刷数的几倍；即使阅读或理解能力较低的人，亦可相应多耗时间，吸收报章的信息。互联网出现后，提供综合性互联网信息资源的门户网站崛起，传统纸质版报纸订阅量急剧下降，不得不向网络电子版报纸转型，电子版报纸解决了纸张过多携带、传阅不便及因缺乏视频、图片而震撼力和感染力较弱的缺陷。①

报纸一般在副刊登载历史名人的作品、成长历史和趣闻轶事。如民国时期国内较为有名的报纸《时事新报》的副刊《学灯》就发表过很多郭沫若的作品，如早期留学日本时写的《抵制日货之究竟》《鹭鸶》《抱和儿浴博多湾中》《天狗》等。改革开放后，我国报刊发行种类和数量出现了爆发性的增长。各种报刊上介绍和挖掘李白、苏东坡趣闻轶事、历史足迹、人生历程、作品解读的大众性文章、文学性文章、历史性文章越来越多。

---

① 王琪. 采编工作思路的角度与创新[J]. 中国传媒科技，2014（2）：117.

介绍历史名人的作品和事迹的专门文学刊物或历史刊物出版。如1921 年 6 月，郭沫若与郁达夫、成仿吾等在日本东京成立创造社。1922年 5 月 1 日，《创造》季刊出版，郭沫若在创刊号上发表了《创造者》及另外 5 首诗、历史剧《棠棣之花》第二幕、文艺论文《少年维特之烦恼序引》。《创造》季刊出版后，立即引起一些文学青年的注意。之后又出版了《创造周报》《创造日》（日刊），编辑出版了"创造社丛书""辛夷小丛书""世界名家小说"。《创造周刊》共出版了 52 期，有三分之一刊期是由郭沫若编辑的，每期都有他的文章刊出，而且常常一期就有几篇文章。创造社很快在五四新文坛站稳了脚跟，聚合了大批同道者，在社会上特别是在青年中间产生广泛的影响。①

新中国成立后，郭沫若作为知名文人和国家领导人，经常在报刊上出现，一些新中国成立前、后写作的作品和轶事也在报刊上不断被刊出。

第四节　历史名人品牌教育机构传播

我国古代学校教育是中华民族文化的汇集之地，也是传承文化的主要场所。中国古代学校源远流长，夏商周时期的中国古代学校教育开始创立，西周时期国家对官学的控制力逐渐丧失，许多典籍流散民间，一些通晓诗书的知识阶层开始在社会生活中活跃起来，直接导致春秋时期官学衰落，私学兴起。儒家学派的创始人孔子就是"私学"创建者，诸子百家争鸣的局面与稷下学宫的出现是那个时代思想与教育繁盛的明证。汉代学校教育出现了前所未有的繁荣景象，公元前 135 年，汉武帝接受董仲舒的建议，在长安设立了国家最高学府"太学"；中央政府官学发展的同时，蜀郡太守文翁创建石室，开创了地方政府办学新模式，出现了一批"精舍""精庐"。隋唐时期中国古代学校教育进一步繁荣，在国子监下设立国子学、太学、四门学、律学、书学、算学等不同类型的

---

① 符杰祥. 论左翼浪漫主义文学思潮的青春文化品格[J]. 东方论坛(青岛大学学报)，2000（2）：63-67.

学校，并且形成了一套官学教学管理制度。随着纸张的大量使用和雕版印刷术的发展，书籍越来越多，必须建造较大的院子来安置藏书，以方便读书人，于是出现了"书院"。书院根据主办者的不同分为官办与私办两类，唐代最早设立的官办书院是丽正书院和集贤书院，私人创立的最早的书院应为四川遂宁人、遂州刺史兼御史中丞张九宗创办的九宗书院。宋朝学校教育一个突出特点就是书院兴盛，大批著名书院建立并发展起来，如白鹿洞书院、岳麓书院、应天书院、嵩阳书院等知名书院。著名理学家、教育家、四川绵竹市人张栻创办了与岳麓书院齐名的城南书院，作为岳麓书院主管和主讲，从学者达数千人，初步奠定了湖湘学派规模，成为一代学宗，与朱熹、吕祖谦齐名，时称"东南三贤"。明清时期实行八股取士，以科举考试为学校教育的直接目的，学校的衰退趋势逐步形成，在清朝末期逐步向现代化学校转型。[①]

古代的学校尤其是书院，是融藏印书籍、授课讲学、研究学术、讨论时政于一体的教学场所，既是名流学者讲经论道的场所，又是文人墨客神往的去处，其在中国古代文化传播中起承转合，自由流畅地衔接着各种文化流派，成为时代文化的有效载体和价值符号。在教学内容上，除了以四书五经等经典为主要内容传播思想家、经学家、儒学家、理学家等的思想，也包括一些史学家的史书和文学家的诗文。在传授知识的同时，也不断倡导、弘扬思想家、文学家、艺术家、史学家、科学家、政治家等前辈先贤的精气神，要求学生通过学习经典，修身养性，不断完善自身，从而具备完善的人格。

新中国成立后，随着我国教育事业的发展，从小学、中学到大学各级各类学校大力发展起来，尤其是改革开放以来社会教育机构迅速增加，教育体系日益完善，有关历史名人文化的教学内容日益充实，在传授文化知识的同时全方位地传播历史名人品牌。一些文学家、诗人、词人、散文家等文学领域历史名人的经典作品被选入各个时期、各种版别的语文教材。一些思想教育领域历史名人的思想和理论被融合进学校的文化

---

① 刘淑丽. 中国古代学校教育的发展历程[J]. 知识文库，2017（18）：161.

和思想教育课程，如思想家孔子、孟子等的儒家思想及其在各个领域的影响和应用一直是学校课堂讲授经久不衰的内容。一些有重大影响的历史名人的事迹和贡献多被编入历史教材，进入历史课堂或其他相关课堂，在讲述各个朝代历史的时候都会讲到那些贡献巨大的历史名人，如讲三国历史时一般都会涉及四川十大历史名人之一的诸葛亮，讲唐代的历史时必然会涉及作为四川十大历史名人的李白和武则天，讲宋代的历史更是少不了四川十大历史名人之一的苏轼。另外也有部分历史名人的事迹进入了各地的乡土教材。

历史名人籍贯地、出生地、为官地、寓居地、安葬地等地的高校和社会科学研究院还成立了一些历史名人的专业研究机构，如四川省绵阳市、山东省济宁市、安徽省马鞍山市等地的李白（文化）研究会、李白（文化）研究中心；四川省成都市和眉山市、北京市、湖北省黄冈市、广东省惠州市等地的苏轼研究中心、苏轼研究会、东坡文化研究会；四川省乐山市、北京市、山东省济南市、日本九州等地的郭沫若研究会、郭沫若研究中心。专业研究机构组织学术研讨会、学术年会等，编辑出版学术专刊和学术论文集，如《李白学刊》《中国李白研究》辑刊、《中国苏轼研究》辑刊、《郭沫若学刊》《郭沫若研究》辑刊等，构建历史名人资料中心，在专家、学者以及研究和教学工作者之间进行学术交流和传播。这些专业研究机构对历史名人品牌传播面虽不是面向广泛的公众，但它们深入研究历史名人作品，广泛挖掘历史名人事迹和收集历史名人遗物，对深入挖掘历史名人品牌的当代价值起着重要作用。

第五节　历史名人品牌影视传播

一、电视传播的发展进化

1958 年，天津无线电厂制造出了中国第一台黑白电视机，取名"北京"。同一年，中国第一座电视台、中央电视台的前身——北京电视台开始试验播出。创办之初，由于设备的限制，电视台覆盖面只限北京一地，电视观众也很有限，因为拥有电视机者极少。此后，上海、哈尔滨等城市也相继开办了电视台，到 1960 年，全国的电视台、试验台和转播台达 29 座。后来，全国各地相继建立电视台，并大体形成了以北京为中心的全国微波干线播出网。1970 年，中国第一台彩色电视机也在天津诞生，全中国电视机的产量达到 1 万台。1973 年，北京电视台试播彩色电视。1978 年，北京电视台正式更名为中央电视台（CCTV），成为中国唯一的一家全国性国家级电视台。中央电视台的节目经卫星微波干线向全国传送。到 1980 年，全国已经能生产 250 万台电视机。1983 年，广播电视部为加速电视事业的发展提出"四级办电视"的口号，即除了中央和省一级办电视台，在具备条件的地方，允许省辖市、县两级办电视。于是全国各地大大小小的各级电视台如雨后春笋般出现。1987 年年底，中国的电视机年产量近 2000 万台，成为世界最大的电视机生产国，社会拥有量突破 1 亿台，电视观众达 6 亿人，电视成为中国影响力最大的大众传播媒介。1988 年，中国成功发射同步卫星；2 年后，该卫星转播了"亚洲一号卫星"发射实况，拉开了中国卫星电视的序幕。90 年代，电视机在中国普及开来，家家户户都拥有了电视机。电视从纯平到液晶，再进化成等离子，传输技术也从有线转向了卫星，电视产业越来越繁荣。①截至 2020 年年底，全国有线广播电视覆盖用户数达 3.47 亿户，全国电视综合人口覆盖率 99.59%。②

二、影视传播的形式和特征

影视传播是现代社会流行的一种大众传播媒介，包括电视剧、电视纪录片、电影、话剧等，影响面广，话题性强。影视传播以时间的结构形式对信息进行编码，以电子技术和设备为信息传递手段的载体；影视传播是视听合一的传播，直观性强，有较强的冲击力和感染力，以直观、形象、逼真的动态画面综合作用于人体的视听觉器官，传播的信息比较

① 兵焱. 中国影视传播史纲[M]. 北京：中国传媒大学出版社，2007：2-25.
② 国家广播电视总局. 2020 年全国广播电视行业统计公报[R/OL]. http://www.nrta.gov.cn/art/2021/4/19/art_113_55837.html,2021-04-19.

容易使受众产生兴趣。影视传播超越了读写障碍，对观众的文化知识水准无严格要求，即便不识字也基本上可以看懂或理解影视中所传达的内容。影视传播也有一些缺陷，如费用昂贵，受收视环境的影响大，受众群体具有分散和杂乱的特征，难以针对某一目标群体进行构思和创意。

历史名人是电影、电视剧经久不衰的话题，关于四川十大历史名人的影视传播，纪录片、电影、电视剧、话剧各种形式都有，尤以李白、杜甫、苏轼、武则天、诸葛亮等家喻户晓的历史名人为多。

表 6-5　部分四川十大历史名人影视作品

历史名人	纪录片	电影	话剧
李白	《飘然太白》(1981)、《剑仙李白》(1983)、《诗仙李白》(2009)	《唐明皇》(1990)、《杨贵妃》(1992)、《杨贵妃秘史》(2009)、《李白》(2010)	《李白》(1991)
杜甫	《杜甫》(2012)、《伟大诗人杜甫》(2020)	《大唐诗圣》(2006)	《杜甫》(2019)
苏轼	《苏东坡（6集）》(2017)	《千古风流苏东坡》(1994年)、《风流才子苏东坡》《苏东坡》(2012)	《苏东坡》(2018)
武则天	《武则天》(2013)、《中国通史——武则天》(2013)、《女皇武则天》(2014)	《武则天》(1963)、《一代女皇武则天》(1985)、《武则天》(1995)、《武则天秘史》(2011)、《武媚娘传奇》(2014)	《武则天》(1962)、《武则天》(2015)
诸葛亮	《诸葛亮》(1999)、《再读诸葛亮》(2010)、《诸葛亮治蜀》(2013)	《诸葛亮》(1985)、《三国演义》(1994)、《诸葛孔明》(1996)、《赤壁》(2008)、《新三国演义》(2009)	《孔明三气周瑜》(2015)

第六节　历史名人品牌新媒体传播

一、网络传播在我国的发展进化

20 世纪 80 年代初，因特网在美国诞生；20 世纪 90 年代初，中国接入国际互联网。到现在为止，中国互联网经历了三次浪潮，几乎彻底改变了每一个人的生活、消费、沟通、出行等方式。

第一次互联网大浪潮，20 世纪 90 年代从四大门户到搜索引擎。1997 年 6 月，丁磊创立网易；1998 年 2 月张朝阳成立搜狐网；同年 11 月马化腾、张志东等五位创始人创立腾讯；同年 12 月王志东创立新浪。网易、搜狐、新浪、腾讯成为互联网初期四大门户。2000 年，李彦宏创建百度，中国互联网从四大门户发展到网络搜索，成为一个历史性的阶段。[①]

第二次互联网大浪潮，21 世纪第一个 10 年，从网络搜索到社交化网络（博客、SNS、论坛、微博等）。2001 年中国互联网协会成立；2002 年博客网成立，个人门户兴起，互联网门户进入 2.0 时代；2005 年，门户和搜索时代转向社交化网络时代，博客中国、天涯、人人网、开心网和 QQ 空间等大批社交型互联网产品诞生，中国网民迅速增长到 1 亿多，首次超过美国。[②]这个时期，中国互联网进入快速发展期，网民的地位开始由被动转向主动，开始通过互联网拓展自己的社会关系。

第三次互联网大浪潮，21 世纪第二个 10 年，从 PC 互联网到移动互联网。2009 年，以人人网、开心网、QQ 为代表的 SNS 社交网站活跃；2010 年团购网站兴起；2011 年微博迅猛发展，对社会生活的渗透日益深入，政务微博、企业微博等出现井喷式发展；2012 年手机网民规模首次超过台式电脑，移动 App 与消息流社交网络并存；2016 年，互联网直播、网红等热词风靡全国，短视频造就第一批网络红人；2016 年，自媒体层出不穷；2018 年，5G 网络诞生，我国 12 座城市开启 5G 试点。[③]这一时期，中国互联网进入成熟繁荣期，已建成全球最大规模光纤和移动通信网络。截至 2021 年 12 月，我国网民规模达 10.32 亿，互联网普及率达 73%；

---

① 杜文科. 从模仿到被模仿：中国互联网在创新中抢占世界先机[N]. 中国产经新闻，2019-11-12.

② 何欢. "互联网+"新经济形态下篮球市场传播方式研究[D]. 广州：广州体育学院，2019.

③ 何欢. "互联网+"新经济形态下篮球市场传播方式研究[D]. 广州：广州体育学院，2019.

我国手机网民规模达 10.29 亿，网民使用手机上网的比例达 99.7%。①

二、网络时代新媒体传播

新媒体是一个相对的概念，它是指随着卫星通信、数字化、多媒体、计算机、网络技术的发展而产生的新兴的、有别于传统媒体的、具有实时互动特点的新型媒体。新媒体是品牌传播的强大工具，随着网络信息技术快速进步，各种各样的新兴媒体如火如荼地发展起来，从门户网站和网络搜索到博客、SNS、论坛、微博等社交化网络媒体，再到微信公众号、抖音、微视、今日头条、企鹅号、百家号、搜狐号等自媒体，为当代信息社会传播提供了多种多样的媒介工具和选择。目前，我国历史名人品牌新媒体传播主要是通过各种网站和网络搜索，其他媒介的大规模使用还在探索中。新媒体在品牌传播中具有传统媒体无法企及的优势：传播和更新速度快，可以实现实时传播；拥有大量即时的品牌信息，内容丰富；传播范围广，打破地域限制，拥有海量的品牌信息传播者和接受者；多媒体融合，信息传递方式丰富多彩，使品牌信息传播更生动；互动性强，信息传播者与信息接收者随时可以互动，使得个性化的品牌传播成为可能；受众个性化，网络中具有数量巨大、结构理想的受众；检索方便易复制，对于品牌信息传播者和接受者都达到了低成本和高效益的良好效果。②

147

1. 搜索引擎传播

搜索引擎是指根据一定的策略，运用特定的计算机程序从互联网上采集信息，在对信息进行组织和处理后，为用户提供检索服务，将检索的相关信息展示给用户的系统。在大数据时代，网络产生的信息浩如烟海，令人难以得到自己需要的信息资源。在搜索引擎技术的帮助下，人们利用关键词、高级语法等检索方式可以快速捕捉到相关度极高的匹配

① CNNIC 发布第 49 次《中国互联网络发展状况统计报告》[EB/OL]. 中国网信网，http://www.cac.gov.cn.
② 匡文波. 网络媒体概论[M]. 北京：清华大学出版社，2001：3-7.

信息，可以全面检索到视频、音频、图像、人类面部特征、指纹、特定动作等各种类型的数据，还能对检索的信息进行一定维度的分析，深入开展信息挖掘，从而深化对信息的使用与认识。[①]表6-6是以部分四川十大历史名人为关键词，截止到2020年年底通过百度搜索挖掘到的历史名人相关的网页、视频、图片、贴吧帖子等数据。

表6-6　四川十大历史名人百度搜索数据

关键词	网页（个）	视频（个）	图片（张）	贴吧帖子（篇）
大禹	约 1 亿	28 673	290 711	4027
李冰	约 8830 万	10 504	109 598	7654
扬雄	约 5230 万	1241	13 842	25
司马相如	约 7730 万	3353	35 425	1637
落下闳	约 360 万	583	5800	2
文翁	约 1110 万	825	8804	440
诸葛亮	约 1 亿	70 628	713 570	1 272 833
陈寿	约 6730 万	3206	34 602	1543
常璩	约 480 万	254	2714	未建立
李白	约 1 亿	88 524	918 300	349 007
杜甫	约 3690 万	59 435	613 499	105 249
陈子昂	约 6410 万	2219	21 793	1336
武则天	约 1 亿	39 810	448 839	200 774
薛涛	约 3380 万	3825	34492	1121
苏轼	约 1 亿	65 461	716 452	419 288
张栻	约 1000 万	781	7023	716
秦九韶	约 640 万	356	3936	9
杨慎	约 4770 万	3657	27 655	801
李调元	约 580 万	524	4542	137
格萨尔王	约 1350 万	5734	43 447	665

---

① 李伟. 搜索引擎传播：品牌传播新价值[J]. 广告大观（综合版），2009（8）：62-63.

2. 纪念网站及网页传播

一些大的门户网站为历史名人建立了专门网站，如中国李白网、（世界）东坡文化联盟网、国学网——苏轼研究等。一些知名历史名人籍贯地、出生地、为官地、旅居地、安葬地等地方政府部门、历史名人纪念馆也建立了专门面向公众宣传和纪念历史名人的网站，历史名人研究机构也建立了面向专家、学者的专门网站，如四川省绵阳市、山东省济宁市、安徽省马鞍山市等地的李白纪念网站和李白文化研究网站；四川省成都市和眉山市、湖北省黄冈市、广东省惠州市等地的东坡纪念网站和东坡文化研究网站；四川省乐山市和北京市的郭沫若纪念网站和郭沫若研究网站。纪念网站汇集了大量历史名人相关的资源如文献、视频、图片等，充分利用现代信息技术展示，俨然成了网络纪念馆。人们对某个历史名人感兴趣，无须亲自到实物纪念馆去就可以深入感受和体验到历史名人文化。

3. 中文知识门户网站传播

以中国知网、万方数据、维普期刊等为代表的中文知识门户网站，收集了大量研究历史名人和传播历史名人文化的作品，包括学术刊物的研究性文章、硕博士学位论文、报纸期刊的新闻类文章等。中国知网是全球最大的中文知识门户网站和中国文献数据最全面的网上数字资源库，汇聚了数量庞大的学术期刊、专利、硕博士学位论文等资源，文献总量超过 2 亿篇，个人用户超过 2 亿人。这些中文知识门户网站的用户主体是教师、研究者、大学本科生及硕博士研究生，对历史名人品牌的感受和体验深刻，虽然传播主体的范围受限，但传播历史名人品牌的深度却是无可比拟的。表 6-7 是在中国知网文献检索中以第一批、第二批四川十大历史名人为关键词，截止到 2020 年年底最终的检索结果。

表 6-7　四川十大历史名人中国知网检索数据

关键词	主题（个）	篇名（个）	关键词（个）	摘要（个）
大禹	5082	1871	326	5127
李冰	2843	619	147	2196

关键词	主题（个）	篇名（个）	关键词（个）	摘要（个）
扬雄	3122	622	442	2153
司马相如	2109	380	1982	1752
落下闳	66	31	9	70
文翁	373	91	52	270
诸葛亮	6749	3310	965	11 043
陈寿	2296	280	106	1455
常璩	217	48	29	1612
李白	26 895	8433	4941	23 823
杜甫	25 207	7859	5342	23 144
陈子昂	1547	573	1524	1373
武则天	6064	1409	5421	4989
薛涛	908	444	170	768
苏轼	17 936	9869	5077	24 276
张栻	830	231	214	545
秦九韶	287	132	175	334
杨慎	1837	609	413	1559
李调元	320	166	310	411
格萨尔王	1939	441	1034	930

第七节　历史名人品牌延伸到商业领域的传播问题

历史名人品牌往往与特定区域历史人文因素有关，具有区域的表证性意义和价值，具有悠久人文历史内涵。历史名人品牌凝聚了我国传统文化和民族文化的精华，不是哪个地区或组织独有，而是全国各地区、各民族人民共有，因此某种程度上具有区域公用品牌的属性。因此，历史名人品牌在传播上多是依靠大众传播，而大众传播更偏重于新闻传播。

但当历史名人品牌延伸到商业领域成为商业品牌，或以历史名人资源为基础衍化成私有品牌后，需要依靠目标受众来获取商业利益的时候，依靠大众传播所建立起来的品牌知名度要转变成品牌美誉度和品牌忠诚度，要转变成购买行为，进行商业品牌传播是必不可少的。品牌传播，就是指品牌所有者通过各种传播手段，将事先提炼的品牌核心价值理念持续不断地同目标受众交流与沟通，让目标受众对品牌核心价值理念认同、喜爱，并逐渐成为该品牌商品的实际消费者和忠诚消费者，从而提升品牌的无形资产价值。[①]虽然商业品牌传播的重点已不再聚焦于历史名人，而是聚焦于产品或服务，但客观上来看基于历史名人资源衍生的商业品牌的传播在某种程度上也促进了历史名人品牌的传播。

　　商业品牌传播与广告传播或大众传播一样，都必须在传播活动实施之前确定一个明确的传播主题。品牌传播诉求主题更偏重形而上的精神属性的诉求抽象性，而不像广告传播诉求的主题更偏重商品的形而下的物质属性的具象性诉求。由于许多品牌主题大都涉及价值观念、审美情趣等意识形态方面的内容，导致品牌传播在具体诉求表现的形态上必然具有文化性特征。品牌传播的主要目的是塑造与传播品牌形象，品牌传播的对象不仅仅局限于对品牌商品有购买欲望的消费者或潜在消费者，也应该包括所有对品牌商品进行价值判断和审美判断的目标受众[②]。品牌信息主要由两个层面的内容构成，一是包括品牌名称、标志、色彩、包装等在内的表层信息；二是包括品牌商品特征、为消费者所提供的利益点、品牌认知和品牌联想等在内的深层信息。这两个层面的信息构成了品牌传播的信息源，也从总体上决定了品牌传播本身信息的整合性。

　　商业品牌传播实际上就是企业对各种传播手段进行信息控制和利用的过程。在这个过程中，企业如何利用、整合和控制这些传播资源将成为传播能否取得成功的关键。品牌传播可以利用的传播手段包括广告、公共关系、人际传播以及各种媒介资源等。商业品牌传播的媒介跟历史

① 王艳. 抖音短视频品牌传播研究[J]. 合作经济与科技，2019（12）：80-81.
② 周敏. XT职业技术学院品牌建设研究[D]. 湘潭：湘潭大学，2015.

名人品牌传播的媒介没有截然的分别，既可以利用报纸、杂志、图书、广播、电视、电影等向社会大众传播信息的大众传播媒介，也可以利用互联网站、博客、论坛、微博、手机、专业杂志等满足少数受众群体个性化需求的小众传播媒介；既可以利用平面媒介、电波媒介、户外媒介等传统传播媒介，也可以利用互联网和手机网络等新兴媒介。

一般的商业品牌传播策略包括品牌叙事传播策略、公共关系传播策略、广告传播策略、品牌人际传播策略和名人代言传播策略等。基于历史名人资源衍生的商业品牌的传播策略应该更加注重对历史名人文化元素的利用。一方面，品牌叙事传播策略可以刻意以相关历史名人文化、价值理念、感人的事迹和故事为传播内容，通过各种媒介向目标受众进行的商业传播活动，品牌叙事以历史名人为典型人物，以历史名人为叙述主题，编撰结构缜密的故事情节；另一方面，在实施名人代言传播策略时，名人的选择可以考虑选择历史名人，充分利用现代信息技术和营销手段，展开历史名人和消费者的互动。

第七章

四川历史名人品牌开发

　　我国历史名人资源丰富，我们不是缺少吸引国内外消费者眼球的文化元素，而是缺乏有中国传统文化特色的品牌文化，"品牌中化"的广度和深度都不够。四川历史名人品牌众多，为四川省乃至全国各地各类组织进行品牌规划提供了取之不竭的源泉。四川历史名人品牌开发的根本出发点在于深入挖掘历史名人资源，提炼出与时代特征相契合的传统特色文化，广泛融入人民群众的生产生活中，把传统文化优势发挥在品牌效应上，让传统文化在我国产品及其品牌的整体表现上大放异彩，为我国各个领域品牌建设注入丰富的传统文化基因，用中国传统文化典型符号最精彩的部分唤醒人们深层的文化基因并产生共鸣，增强人民群众的文化自信心和民族自豪感。四川历史名人品牌开发过程中，应拓宽其作为文化品牌、教育品牌、旅游品牌和公共品牌的应用领域和空间，延伸其到一般商业品牌的路径和策略；整合政府部门、研究机构和广告公司等各类开发主体协同发力；创造性应用和打造雁阵式开发、关联性开发和互惠合作性开发等多种开发模式；深化开发层次，从粗浅利用进化到深度利用再升华到价值契合，促进以历史名人品牌意象为代表的我国传统文化精神和品牌文化及其价值观的高度契合。在各种开发利用中，价值最为彰显、效果最为直接、需求最为急迫的莫过于基于四川历史名人品牌及其资源的品牌名称规划。

第一节　四川历史名人品牌开发策略

一、拓宽开发领域

1. 拓宽作为文化品牌的应用领域

文化品牌深深地植根于民族文化、传统文化，历史名人品牌天然就是文化品牌。作为我国传统文化典型符号的历史名人品牌及其资源，将为文化产品及文化品牌发展源源不断地提供丰富的素材和坚固的支撑。文化品牌是文化产业品牌化的结果，涉及文化、艺术、娱乐、休闲、新闻、出版、传播等行业和人民群众的文化生活、国家的文化事业等广泛的领域。过去很长一段时间，四川历史名人文化品牌开发的重点是基于历史名人本身及其作品的文化艺术开发、出版及传播，如李白、苏轼和郭沫若等相关的影视开发、作品的研究及出版，品牌的溢出效应利用不够。当前，四川历史名人品牌开发的重点应该是从对其本身的文化产品开发延伸到更广泛的领域，在人民群众文化生活、国家文化事业等领域的文化活动、文化企业及其文化产品，充分利用历史名人品牌及其资源进行品牌命名和品牌标志等视觉形象设计、品牌个性打造和品牌文化建设。

2. 拓宽作为旅游品牌的应用空间

在各地旅游开发热情推动下，历史名人品牌作为旅游品牌多是作为其故里、故居旅游景区品牌和旅游景点品牌，如李白故里风景名胜区、三苏祠景区和郭沫若故居都是国家 4A 级旅游景区，与李白、苏轼和郭沫若相关的历史名人纪念馆和遗迹、遗物、雕像等多是旅游景点。广义的旅游品牌包含某一单项旅游产品品牌、旅游企业品牌、旅游集团品牌或连锁品牌、公共性产品品牌、旅游目的地品牌等，和历史名人品牌的特征具有高度相关性。历史名人品牌的乡土性，可以很自然地延伸到旅游特色纪念品的设计与营销中；历史名人品牌的文化性，延伸到旅游企业品牌、旅游集团品牌或连锁品牌上，可以使其蓬荜生辉；历史名人品牌的游移性，出生地、生长地、成名地、为官地、寓居地、游历地、安葬地等有关历史活动场域众多，使得基于历史名人资源的旅游品牌可以跨越更为广泛的地理空间，为旅游品牌跨区域传播、营销和合作提供便利。

3. 拓宽作为教育品牌的应用领域

我国教育事业发展的宗旨是培养德智体美全面发展的社会主义事业的建设者和接班人，关系到广大人民群众的全面发展、民族的进步和国家的发展壮大，从教育对象、教育机构和教育内容等方面看，教育品牌是一种关涉领域非常广泛的品牌。历史名人在文学艺术、科学技术、思想教育、国家治理等领域做出了巨大贡献，其光辉事迹和故事教育了世世代代，历史名人品牌也就自然迁移延伸到各种教育品牌上。在教育机构方面，除了应用于历史名人足迹相关地的中小学，如太白小学、太白中学、东坡小学、东坡中学、沫若小学、沫若中学等，还可以拓展到各类培训机构。在教育层次方面，可以从中小学拓展到职业教育学校和高校，以及高校里面的院系和教育机构，如乐山师范学院的沫若学院、四川大学锦江学院东坡学院等。在教育内容方面，可以拓展到传统技艺传承方面和中华民族传统精神传承方面，如各级各类非物质文化遗产传承基地、"青少年革命传统教育基地""爱国主义教育基地""国防教育基地"和"中共党史教育基地"等。

4. 拓宽作为公共品牌的应用领域

历史名人品牌具有公共性，历史名人资源是整个民族、国家乃至全人类的公有财富，历史名人品牌也是国家和民族共同拥有、共同使用的公共品牌。现实中历史名人品牌多作为其出生地、生长地和成名地、为官地、寓居地、游历地、安葬地等地区的城市道路、市政广场和公共建筑物的名称使用。公共属性使得历史名人品牌可以进一步延伸到公用事业领域，如水、电、气、环境、医疗等行业，以及一些带有公共属性的领域，如商业化的居民小区、商业广场等。公共属性叠加乡土特性使得历史名人品牌可以天然地延伸到区域农产品公用品牌建设中，历史名人故里所在地政府在进行区域公用品牌发展规划时，可以使用一些名声响亮的历史名人品牌或历史名人品牌加区域名称进行命名，在品牌建设过程中利用历史名人品牌文化来凸显区域公用品牌的文化底蕴和文化特色。如四川省眉山市充分利用苏东坡作为文学家、书画家、美食家的品牌符号，以"东坡味道"为统揽打造区域公共品牌，加快推进当地农产品品牌体系建设，促进眉山市食品饮食产业迅速发展壮大。

5. 全面拓展向商业品牌领域延伸衍化

当今是一个品牌经济时代，剧烈变动的消费市场推动了品牌符号的广泛传播和消费热潮。历史名人品牌的鲜明特征尤其是最为显眼的符号性特征，为多如牛毛的各类商品（或服务）的品牌命名、品牌视觉形象设计、品牌文化建设提供众多素材。文学家型历史名人的作品中，有一些音韵上口、意象高远的作品名字及作品中的词语被作为品牌名称，如郭沫若作为中国新诗奠基人，其作品"女神""凤凰"就被广泛借用；诗仙李白是伟大的浪漫主义诗人，其作品被广为利用，如国际知名彩妆品牌 REVLON 在进入中国市场之际所取的本地化名字"露华浓"，就取自李白作品《清平调·其一》中的诗句"云想衣裳花想容，春风拂槛露华浓"。以唐诗宋词为代表的文学作品、以毛笔字为代表的汉字书法艺术和以水墨画为代表的中国画是中国特有的传统艺术文化形式，在品牌命名、品牌视觉形象设计和品牌文化建设中可以充分利用历史上知名的文学家、书法家和画家及其作品，诗书画相结合，使品牌既显得古老、沧桑、富有东方神韵，又体现出现代设计中所要求的和谐与韵律，大大加深品牌的文化品位和文化底蕴。[1]

二、深化开发层次

1. 粗浅利用：基于历史名人资源的品牌名称设计

国内外的成功品牌都有一个合宜的、受消费者广泛认可的品牌名称，

---

[1] 吕玉龙. 传统文化元素在现代包装设计中的应用[J]. 文教资料，2009（4）：72-73.

能够给目标受众留下深刻的印象。知名品牌的命名方法和策略为基于历史名人资源的品牌名称设计提供了独到的视角和借鉴。一方面，直接利用历史名人的名字。历史名人的名字有原名、字、号、笔名、化名等很多形式，往往根植于我国深厚的传统文化，有着特别的文化意蕴。如郭沫若原名郭开贞，字鼎堂，号尚武，笔名、化名很多，有沫若、麦克昂、石沱、高汝鸿、杨伯勉、白圭、羊易之等，用得最多的是"郭沫若"这个笔名。另一方面，不仅仅局限于直接利用历史名人的名字，还要深入挖掘历史名人的作品。历史名人尤其是文学家作品丰富，作品名字、作品内容精华、作品中的典型角色和典型符号等都可以作为品牌名称。如郭沫若作为中国新诗奠基人，是继鲁迅之后公认的文化领袖，其著述颇丰，全部作品编成《郭沫若全集》38 卷。"女神""天狗""凤凰""天街""春莺""霁月"等都可以作为品牌名称使用。①

2. 深度利用：基于历史名人资源的品牌视觉形象设计

基于历史名人资源进行品牌视觉形象设计，充分利用历史上知名的书法家、画家、文学家、思想家及其作品，促进以历史名人符号为代表的中国传统文化象征符号在品牌视觉形象设计当中得以全面延伸发展。一是历史上知名的书法家及其作品的利用。以毛笔字为代表的汉字书法艺术，是中国特有的传统艺术文化形式，运用在品牌形象设计中如包装、品牌名称字体等，既能使作品既显得古老、沧桑、富有东方神韵，又体现出现代设计中所要求的和谐与韵律。二是历史上知名的画家及其作品的利用。以水墨画为代表的中国画也是中国特有的传统艺术文化形式，也是品牌包装上常用的一种传统文化元素。三是历史上知名的文学家及其作品的利用。以唐诗宋词为代表的文学作品是中国特有的文化艺术形式，也是品牌形象设计中可以利用的一种传统文化元素，在具体应用上可以同中国书法和中国画相结合。四是历史上知名思想家及其作品的利用。如最具代表性的"太极图"所体现的哲学理念和中国传统哲学体系

---

① 任文举，张仁萍. 基于历史文化名人的品牌形象识别设计研究：以历史文化名人郭沫若为例[J]. 产业与科技论坛，2016（21）：43-44.

中"天圆地方"的宇宙观等，其形式和理念就常常为设计师们所借鉴。要使以历史名人符号为代表的中国传统文化象征符号在品牌视觉形象设计当中得以延伸发展，必须在理解的基础上对传统文化象征符号进行再创造，以现代的审美观念对传统文化象征符号中的一些元素加以改造、提炼和运用，使其富有时代特色，或者把传统文化运用到现代设计中来，用以表达设计理念，把其精神元素融入品牌视觉形象设计之中，更具文化性与民族性。[1]

3. 价值契合：历史名人品牌意象和品牌价值观的高度契合

历史名人品牌在长期的传播过程中对公众持久的文化浸润形成感知联想集合体，进而在人们的心目中形成了比较一致的、良好的意念和印象，即品牌意象，与历史名人相关的所有资源无不刻上了品牌意象的烙印。品牌价值观是指品牌在追求经营成功的过程中所推崇的基本信念和奉行的目标，是品牌经营者一致赞同的关于品牌意义的终极判断和基本价值标准。根据历史名人资源品牌化的两个维度，在开发历史名人品牌及其资源的时候，要对历史名人品牌意象进行自觉的、科学的延伸，充分地体现在现代品牌文化及其价值观中，在进行公共品牌或商业品牌规划与设计的时候，充分利用历史名人文化进行品牌文化及其价值观的规划，促进以历史名人品牌意象为代表的我国传统文化精神与品牌文化及其价值观的高度契合。[2]

三、整合开发主体

目前，四川各地与历史名人品牌开发相关的机构主要有三类，即政府机构、研究机构和广告公司。政府机构主要由市县级宣传部门和文化旅游部门来进行文化传播传承、旅游产业开发等运营。研究机构主要是

---

① 易元明，黄金发. 浅析产品设计中的中国传统文化元素[C]//2006 年中国机械工程学会年会暨中国工程院机械与运载工程学部首届年会论文集，2006.
② 任文举，基于历史名人资源品牌化的品牌洋化现象治理研究[J]. 乐山师范学院学报，2019（8）：79-84.

就历史名人本身及其作品进行深入研究的一些高校和社科院的历史名人研究中心，如四川省社科院的大禹研究中心和诸葛亮研究中心、四川大学的苏轼研究中心和杨慎研究中心、四川师范大学的扬雄研究中心和武则天研究中心、绵阳师范学院的四川李白文化研究中心、乐山师范学院的四川郭沫若研究中心、西南民族大学的杜甫研究中心、西华大学的李冰研究中心、西华师范大学的落下闳研究中心等。广告公司主要是为了满足当地一些市场主体如餐饮企业和个体户、特色产品经营者等的需要，延伸历史名人品牌进行商业品牌名称策划。三类不同性质的机构在历史名人品牌开发中的出发点和重点不同，应该协同开发，发挥各自的优势，政府部门工作重点在搭建平台、探索政策，促进历史名人品牌的公共性、公益性开发；研究机构工作的重点是加大对历史名人品牌及其相关资源挖掘的广度和深度，以提供开发的源泉；广告公司等其他商业主体的开发应该着眼于历史名人品牌的商业应用推广、商业策划和文化创意。

四、创新开发模式

1. 雁阵式开发

在历史名人资源比较丰富的地区，历史名人品牌众多，并往往呈现出金字塔式的级差类型，即国际级历史名人品牌、国家级历史名人品牌、省级历史名人品牌和地方历史名人品牌各种级差类型都存在，位于金字塔顶端的是国际级历史名人品牌，中部是国家级历史名人品牌，位于金字塔底部的是大量省级历史名人品牌和地方历史名人品牌。各地在开发历史名人品牌的时候，不能只开发塔尖金光闪闪的国际级历史名人品牌，而应该将国际级历史名人品牌作为示范和引导，拓展开发的广度和深度，带领金字塔中部和底部大量国家级历史名人品牌、省级历史名人品牌和地方历史名人品牌的开发，当然，不是全面开发，而是选择那些有作品、遗迹和遗物的历史名人品牌。如乐山在加大郭沫若品牌开发的广度和深度的同时，也推动廖平、杨基、以李心传为代表的"井研四李"，以何栗为代表的"井研何氏三贤"，以及胡世安、雷畅、邓通、熊克武等国家级历史名人品牌的开发；眉山在加大东坡品牌开发的广度和深度的同时，也推动张皓、孙抃、何郯、苏辙、陈与义、虞允文、李壁、任希夷、李埴、杨栋、家铉翁、万安等宰相群体和苏洵、彭端淑、李密、虞集等国家级历史名人品牌的开发；南充在加大朱德、落下闳、陈寿、张飞品牌开发的广度和深度的同时，也推动谯周、张思德及鲜于叔明、陈尧叟、陈尧佐、游似、陈以勤、陈于陛等宰相群体，尹枢、尹极和陈尧叟、陈尧咨兄弟状元等国家级历史名人品牌的开发；达州在加大张爱萍品牌开发的广度和深度的同时，也推动元稹、唐甄、王维舟、李雄等国家级历史名人品牌的开发。

2. 关联性开发

在进行历史名人品牌开发的时候，各地不必拘泥于本地籍贯的历史名人品牌，也可以拓宽选择范围。尽管历史名人作为文化遗产属于整个国家和民族的共同财富，为人民所共有，不属于哪一个地区、哪个组织所独有，也不属于历史名人的后代，但各地在开发时并不是随便选，而是要看历史名人品牌是否与本地有关联，否则就成了无本之源。关联性开发可以从在本地为官、寓居和游历等历史名人品牌着手，如乐山可以选择进行关联性开发的历史名人品牌有曾在乐山布道问道、为官、寓居和游历的天真皇人、黄帝、岑参、陆游、王勃、薛逢、薛能、韦皋、司空曙、薛涛、章仇兼琼、海通和尚、魏了翁、宋祁、黄庭坚、范成大、王十朋、韩驹、邵伯温、方孝孺、杨慎、王士禛、李调元、张问陶、张大千等；眉山可以选择进行关联性开发的历史名人品牌有曾在眉山游历、为官的宋祁、范成大、黄庭坚、陆游、李龙眠、何绍基、张鹏翮、梁章钜、卓秉恬、张之洞、赵藩、刘锡嘏、李梦莲、能泰等；南充可以选择进行关联性开发的历史名人品牌有曾在南充寓居和游历的袁天罡、李淳风、蒋介石、张献忠、杜甫、李商隐、陈子昂、司马光、张之洞、丰子恺、吴道子等；达州可以选择进行关联性开发的历史名人品牌有曾在达州为官的宰相群体如元稹、李适之、韩滉曾、李峤、刘晏、张商英、王随、虞允文等。

3. 互惠协作开发

历史名人品牌具有融合连接价值。历史名人生命轨迹具有多动性和游移性，地理空间跨度广泛，出生地、生长地和成名地、为官地、寓居地、游历地、安葬地等有关历史活动场域众多，为不同的地域文化、群体文化间的联系交流和文化产业互惠性合作提供了一个不可多得的媒介。如李白的成长地四川江油市、寓居地湖北安陆市、安葬地安徽马鞍山市当涂县，可以李白为桥梁创意地进行巴蜀文化、湖湘文化、徽派文化的互惠性交流、合作、开发。苏轼的出生地四川眉山市、为官地浙江杭州市、江苏徐州市、湖北黄冈市、广东惠州市、海南儋州市等地都有其遗作、遗迹和纪念物，各地在开发东坡品牌的时候基于自己的资源优势和区域文化优势，可以互惠性协作开发，不断充实东坡品牌的整体形象。

第二节　基于四川历史名人资源的品牌命名

一、品牌命名的重要性

品牌命名是通过选择适当的文字或词组来代表组织（或企业）及其产品（或服务），帮助公众（或消费者）识别和记忆组织（或企业）及其产品（或服务），其实质是引起公众（或消费者）听觉和视觉刺激的刺激信号。品牌名字是品牌的终生标记，是品牌资产积累的最鲜明记录者和代表，甚至承载着品牌兴衰的重任。成功品牌之所以能够成功，固然是各有其成功之道，但有一点则是大致相同的，那就是这些成功品牌的名称大都能够给目标受众留下深刻的印象。一个好名字是成功的一半，能够使人们过目不忘，能够唤起人们美好的联想，有强烈的冲击力，增强消费者的购买欲望，能够使其拥有者得到鞭策和鼓励，是一个组织（或企业）、一种产品（或服务）拥有的一笔永久性的精神财富。

品牌命名是创立品牌的第一步，企业、个体户和其他各种各样的组织初创第一步就是要给组织取一个名字。目标受众（消费者）第一次接触组织（或企业）及其产品（或服务）的时候，一定是伴随着对品牌名称的感受的。品牌名称是品牌形象设计的基础和主题，任何一个品牌形象识别系统里，品名永远是灵魂，即便有其他的识别符号，品名也是其记忆的最终指向，如耐克的"钩"，一定是指向品牌名称作为其记忆点的。中国人历来讲究"名正言顺"，孔子曰："名不正则言不顺，言不顺则事不成。事不成则礼乐不兴，礼乐不兴则刑罚不中。"（《论语·子路》）艾·里斯在《定位》中肯定了命名的绝对地位，"名字就是把品牌挂在预期客户头脑中的产品梯子上的钩子……你能做的唯一重要的营销决策就是给产品起什么名字。"①

随着社会的不断发展，品牌的外延日趋扩大，品牌化的载体已从有形产品扩大到服务、组织、个人、事件、地区等。②除了城市品牌和个人品牌多数以其自身名字命名外，其他情形都需要品牌命名，常见的品牌命名有组织（企业）品牌命名、产品（或服务）品牌命名、事件品牌命名、区域公用品牌命名等。尤其在新组织（企业）创立、新产品（服务）推出、新类别创造的情景下，对品牌命名的需要更为迫切。

二、我国品牌命名面临的一些问题

（一）对品牌名称需求量大

随着我国经济发展规模越来越大，社会发展日趋成熟多元，各种组织尤其是经济主体越来越多。截至 2020 年 7 月底，全国登记注册的市场主体已达 1.32 亿户，企业超过 4100 万户，其中 99% 是中小微企业。③各种组织尤其是经济主体都需要一个名字，而且企业往往还需要进行一个或多个产品（或服务）品牌命名，对品牌名称的需求急剧增大。在其中，有一部分是经过注册成为注册商标的，据国家市场监督管理总局商标局

---

① 沈虹. 话说品牌命名[J]. 广告大观（综合版），2007（11）：140.
② 黄静. 品牌营销[M]. 2 版. 北京：北京大学出版社，2014：9.
③ 中新网：全国登记注册市场主体达 1.32 亿户[EB/OL]. 中国新闻网，http://www.chinanews.com.cn/cj/2020/09-04/9282910.shtml.

透露，截至 2020 年 10 月底，我国有效注册商标量为超过 2900 万件，连续多年居世界首位。①

（二）品牌洋化现象严重

如今在各种市场上到处都能看到一些外文名字的品牌，线上购物打开网页同样会看到很多外文名字的品牌。有些是国外品牌，有些则是国内的品牌。后者数量过多是一种品牌洋化现象。品牌洋化现象指我国产品在品牌名称、品牌标志、品牌形象、品牌宣传等方面刻意国外化（或洋化），或通过国际注册公司在海外注册品牌名称或商标，制造一种洋品牌的假象，但是企业的产品绝大多数其实只在国内生产和销售。

品牌洋化的形式主要表现：① 品牌名称洋化。刻意取一些外文名称，以英文名称居多，有的再直接谐音翻译为汉语，品牌名字的中外文语义都模糊不清，无法从名字上判断出品牌的风格和特点。② 品牌视觉形象洋化。在产品上标注洋化的品牌名字，说明书、标签、产品包装上外文居多。③ 品牌渠道洋化。作为品牌经营体验场所的店铺标识和设置几乎都是外文，一些服务故意凸显洋品牌形象。④ 品牌传播洋化。广告传播中有意找一些外国人来做宣传，在促销活动中尽量美化自己的品牌形象。

这些企业在经营过程中，利用消费者与企业之间信息明显不对称的优势，采取一些品牌运营策略和"迷惑战术"，使消费者误认为其品牌是正宗的"洋品牌"，从而产生购买行为。洋化品牌不同于洋品牌，洋品牌是真正的国外品牌。洋化品牌也不同于假洋品牌，假洋品牌是仿冒国外的洋品牌，属于侵权违法行为。品牌洋化现象和品牌国际化也有本质区别，我国一些大型企业在国际化过程中，为了适应国际市场和符合国外消费者的习惯，有时候也会给品牌取一个外文名字，如"Lenovo（联想）""Hisense（海信）""Youngor（雅戈尔）"等，但这些企业一般都是在国内先有中文品牌名字，再使用外文品牌名字。

---

① 中国新闻网，http://www.chinanews.com.cn/cj/2020/12-18/9365136.shtml.

（三）品牌命名可资利用的资源有待开发

名称的传播媒介是文字和声音，具有最广泛的传播渠道，突破时间、空间的制约进行传播，能够进入人们的话语网络，覆盖日常生活的方方面面。名称所依附的文字和声音媒介，表达力是有限的，因而创作空间小，结果命名就成为对文字资源的抢占，可以达到垄断品牌商业资源的效果。当"可口可乐""美好""飘柔""希望"等词被使用后，就很难找到贴切的词表达同样的意味，推动消费者购买相应产品的理由被这些名称垄断了。[①]

品牌命名是从各种文字中选择满意的字及其词组作为品牌名称。国内品牌命名大多是从汉语中选择音韵优美、寓意深刻的文字及词组作为品牌名称，少部分是从我国少数民族语言或外语中选择文字及词组作为品牌名称。1962 年中华书局出版的影印本《康熙字典》共收字 49 030 个，除去古文 1995 个，则为 47 035 个。中华书局 1915 年出版的《中华大字典》所收单字超 48 000 个。《汉语大字典》是目前我国搜集汉字单字最多的字典，共收单字约 56 000 个。《辞海》成为一部兼有字典和百科性质的综合辞书，1999 年版三卷本《辞海》共收单字（包括繁体及异体字）19 485 个，其中 17 674 个列为字头，字头及其下所列词目共 122 835 条。1994 年出版的《中华字海》收入了 87 019 个汉字。而已经通过专家鉴定的北京国安咨询设备公司的汉字字库，收入有出处的汉字 91 251 个，据称是目前全国最全的字库。但是人们普遍使用的《新华字典》总共收字 11 200 个左右，外加 3000 多条词组；《现代汉语词典》（2002 年增补本）收单字约 13 000 多个，共收字、词、习用语 6 万余条。国家在 1988 年公布的《现代汉语常用字表》选收了 2500 个常用字、1000 个次常用字，总共 3500 字。

汉语中的文字及词组的数量有限，加之商标法明文规定普通名词和专有名词都不能注册为商标，同时大量语义优美、意蕴深厚的文字已经被

---

① 王斌，王宇航. 品牌命名——新形势下的探讨[J]. 技术经济与管理研究，2003（5）：97-98.

各种经济主体及其产品（或服务）使用，选择一个好的品牌名称越来越难。

三、常用品牌命名策略

在进行品牌命名的时候，可以选择文字，也可以选择数字。因为数字的有限性，完全由数字或数字较多的组合来命名的数字型品牌并不多。完全由文字及其组合来命名的文字型品牌是最为常见品牌命名方式，也是全世界主流的常用品牌命名策略。常用的品牌命名策略主要有：① 以人名命名的品牌，包括以品牌创业者、设计者的名字命名，以神话人物命名，以其他名人（历史名人或当代名人）名字命名。② 以地名命名的品牌，包括以产品的生产地命名，以品牌所在地的名胜地如知名山峰、知名湖泊河流、知名景点等。③ 以事物名称命名的品牌，包括以动物名称命名的品牌，以植物名称命名的品牌。④ 以优美词汇命名的品牌，包括以寓意美好的词语命名的品牌，以具时代印记的词汇命名的品牌。⑤ 以品牌特性命名的品牌，包括功能性品牌、效果性品牌和情感型品牌。⑥ 以虚构或杜撰的词语命名，以历史文化名人命名及其作品（如古诗词）命名的，在我国各地也有出现，但多是一些当地的地方性品牌，相较于浩如烟海的我国历史文化名人及其作品，数量极少。

165

表 7-1　国内外常用品牌命名策略

命名策略		案例	
		国外	中国
以人名命名的品牌	创始人、设计者	Adidas（阿迪达斯）、Disney（迪士尼）、Toyota（丰田）、Siemens（西门子）、DELL（戴尔）、Ford（福特）、Wal-Mart（沃尔玛）、McDonalds（麦当劳）、Versace（范思哲）	李宁运动、马应龙麝香痔疮膏、广州陈李济药厂、张小泉剪刀、王致和腐乳、老干妈、王守义十三香
	神话人物	Daphne（达芙妮）、Hermes（爱马仕）、Gucci（古驰）、Nike（耐克）、Amazon（亚马逊）	禹王贡酒、杜康酒

命名策略		案例	
		国外	中国
	其他名人	STARBUCKS（星巴克）、Hepburn（赫本裙）、Lincolm（林肯）、Elizabeth（伊丽莎白）	诗仙太白、东坡味道
以地名命名的品牌	生产地	依云矿泉水、KFC	峨眉山茶、青岛啤酒、云烟、泸州老窖
	名胜地	阿尔卑斯奶糖	昆仑山矿泉水
以事物名称命名的品牌	动物名称	鳄鱼、宝马、彪马	大白兔、熊猫、七匹狼、大红鹰、凤凰卫视
	植物名称	苹果手机	梅花手表、牡丹电视、菊花、莲花味精
以优美词汇命名的品牌		GOODYEAR、RICH	金利来、远大、同仁堂、德仁堂、华为、兴业银行
以数字命名的品牌		555 牌香烟、三星电子、3M、7-11	999 感冒灵、001天线、502 胶水、三一重工

四、基于历史名人资源进行品牌命名的原则

（一）战略原则

品牌名字一旦确定后就不会随意改变，因此品牌命名必须从战略的角度思考，在长远战略指导下进行。只有站得高，才能看得远。品牌发展需要从战略的角度思考，品牌命名也需要遵循企业的总体发展战略和品牌发展总体战略。从战略的角度思考需要对产品或服务、消费者、市场、竞争对手、传播渠道、发展战略、企业文化等方面综合考虑，也需

要对品牌当下的市场环境、信息传播环境、消费者的文化和消费心理及消费行为进行通盘考虑[1]。品牌经营者在为品牌命名时，要把眼光放得远一点，也要考虑到将来本品牌可能的国际化战略。

（二）市场原则

如果利用历史名人资源来命名的品牌目前或将来要面向市场，品牌名称的确定首先应该重点考虑该名称是否有利于产品的市场营销。具体可以从以下几个方面来考虑：① 有助于表示产品的类别。将品牌名称与商品类别予以直接关联将有利于消费者对品牌的识别与记忆，一旦消费者产生对某种类别的商品的需求，这些可以表示出产品利益的品牌名称显然将占据更多优势。这是许多品牌能够在市场上取得成功的原因之一。② 有助于暗示产品的利益。品牌命名应该尽可能地通过品牌名称来暗示商品能够带给消费者的利益。如美加净护肤品、娃哈哈食品、金霸王电池、劲量电池、固特异轮胎、永久牌自行车等。③ 有助于传播商品的性能特征。如果品牌名称能够直接反映商品的性能特征，无疑将十分有助于目标消费者对商品的主动寻求与购买。不过，由于我国商标法不允许商标直接反映商品的质量、主要原料、功能、用途、重量、数量以及其他特点，因此，企业只能通过巧妙的想象和大胆的创意，含蓄而间接地表现商品的性能特征。④ 指明商品的目标对象。如果商品名称能直接表明其目标消费者的范畴（如性别、年龄等），自然就可以大大提升品牌信息的传播效果，有助于目标消费者的主动性消费。如针对儿童市场的娃哈哈、针对女性市场的太太口服液、针对中青年男性市场的七匹狼服饰等品牌，都是通过品牌名称直接指明了这些商品的使用对象，从而使目标消费者与商品之间形成直接关联，有利于目标消费者对商品产生认识和记忆。

---

① 王斌，王宇航. 品牌命名——新形势下的探讨[J]. 技术经济与管理研究，2003（5）：97-98.

（三）文化原则

品牌在一定社会文化氛围中产生、发展与创新。品牌的一半是文化，文化内涵的深厚与否，决定着品牌的感染力和吸引力，文化是品牌的灵魂，没有灵魂的东西是没有生命的，它代表着企业的一种精神，是文化的外在体现。品牌名称代表着一种民族文化、区域文化、消费文化，代表着一种特定的文化价值观，代表着一种心理行为。品牌名称要凸显自身的文化底蕴和文化支撑，同时也要适应目前目标市场和潜在市场的文化价值观念和社会道德伦理规范。受中国传统文化的影响，凡是在品牌中出现吉祥、富贵、和谐、健康等概念的内容，就很容易赢得消费者的好感和喜爱。如健民、万家乐、乐百氏、喜盈门、红双喜、金六福等品牌均是如此。一个好的品牌名称，无论从中文、英文还是方言上都具有丰富的品牌内涵，如金威啤酒的中文名字"金威"二字，"金"字代表了"财富与好运"，"威"字代表了"强大与成功"，十分确切地体现了良好的企业形象，英文名字"KINGWAY"，中文意为"王者之路"，展示了金威啤酒志存高远的雄心壮志和对未来美好的憧憬，同时这种吉祥如意的含义也是对消费者的深深祝福。①同时，坚持品牌命名文化原则的底线是不能违背民族或区域的文化禁忌，需要慎重考虑消费者的文化背景、经济背景和他们的生活习惯、风俗等因素。国际知名品牌在品牌输出时，时常根据当地文化的需求偏好来开展本土化品牌命名，例如国际知名品牌 Coca Cola、Mercedes Benz、Bavarian Motor Works 在我国市场上被命名为可口可乐、奔驰、宝马等。

（四）语言原则

品牌的价值贵在传播，传播通畅的基础从语言学和传播学的角度来看需要有一个方便公众识别、记忆与阅读的品牌名字。可以从以下 3 个方面的内容，即品牌名称的语音、语形和语义开思考。

---

① 王伟. 品牌命名中的文化元素和语言策略[J]. 企业活力，2006（7）：40-41.

1. 品牌名称的语音

品牌价值贵在传播，而品牌传播方式不外乎是借助媒体的大众传播和口耳相传的人际传播。不管是什么传播方式，品牌在传播过程中如果希望达成理想的传播效果，就至少必须在语音上读起来朗朗上口、清晰准确、过耳不忘。要做到这点，一是要独一无二，不能有相似或同音；二是要求品牌名称尽可能选择平声（阴平和阳平）或开口呼的字词，读起来会使人感到铿锵有力、清脆响亮；三是要注意掌握品牌名称在音节之间的音调搭配，从而使品牌名称在阅读时能够产生抑扬顿挫、悦耳动听的听觉效果；四是应尽量避免使用方言、土语和生僻拗口的字词；五要考虑品牌进入国际市场时，其名称必须能够在任何语言中以单一形式发音，能够容易地转换成外语（至少英语）。[①]

2. 品牌名称的语形

品牌名称既是一种特殊的听觉符号，同时也是一种特殊的视觉符号。对大多数商品而言，人们更多是使用视觉媒体来获取相关品牌的信息，这就要求品牌在命名过程中，不仅要考虑语音是否流畅动听、朗朗上口，还要考虑品牌名称在字形和字体上的正确使用，以便保证品牌名称视觉传播形成较好的美感效果。这就要求企业在为品牌命名的过程中，应该努力对企业视觉识别系统中的基础部分的内容（标志、标准字体和标准色）予以综合考量。[②]

3. 品牌名称的语义

如果品牌在今后的发展中有机会走向国际市场，那么品牌名称在语义上的解读和翻译就显得至关重要。我国南方某企业的品牌名称为"舢板"，其在出口外销过程中将"舢板"直接翻译为"junk"并以此为品牌名称，试图进入海外市场。但是，junk 这一英文单词除了具有"舢板"之意外，还有"垃圾"的意思。显然，这种生硬地将品牌名称予以翻译所造成的品牌名称在语义上的误差，对企业的市场营销所造成的损失是

① 程宇宁. 品牌策划与管理[M]. 北京：中国人民大学出版社，2014：87-88.
② 钟伟. 品牌营销策划与管理[M]. 北京：科学出版社，2009：128.

难以估量的。而类似"白猫""娃哈哈"等品牌名称，则让人觉得更亲近些、更随和些，价格感觉也更贴近普通消费水准。特别是"娃哈哈"，从语言学角度看，"娃哈哈"这三个字都是开口音，无论多么小的儿童，只要开始咿呀学语，一张口这三个字就能说出来，带给人们一种天真活泼的动感，同时也揭示出企业以儿童产品为主营业务的经营方向，更体现了产品为儿童增加营养，使儿童更加健康、更加欢乐的精神内涵。

（五）国际化原则

随着中国加入 WTO，全球经济一体化，市场的全球化，越来越多的企业走出国门经营，产品品牌需要一个国际化的名称。一个好的国际化品牌名称应该考虑以下几个因素：① 最好中文和英文的意义同行业特征及商品定位相契合。② 中文和英文的意义非常有趣而且具有个性化，耐人玩味。③ 中文和英文的意义相配合协调。④ 中文和英文的意义能够引起美好的联想。⑤ 中文和英文的发音相对称，并且发出音调或洪亮或优美而清晰。⑥ 中文和英文便于美术化视觉处理。品牌名称国际化的同时也应注意外国消费者的语言系统、文化习惯和审美心理，不能简单音译或意译了事。

（六）法律原则

在为品牌命名的过程中，企业相关人员应对商标法及相关法律进行深入研究，以保证品牌命名符合相关法律和法规的要求。由于品牌名称具有专享性，因此，品牌名称一旦注册，品牌的拥有者就拥有了对品牌名称独占的权利并受到法律的保护。如果使用者未经品牌拥有者的同意或授权而使用品牌名称，就构成了对品牌拥有者的侵权行为。所以，在为品牌命名的过程中，不应仅仅将精力集中在如何取名上，还应高度重视为品牌名称进行注册以获得法律保护的相关工作，否则会给企业今后的发展带来隐患。③

---

③ 程宇宁. 品牌策划与管理[M]. 北京：中国人民大学出版社，2014：85-86.

五、基于历史名人资源进行品牌命名的程序

1. 品牌战略规划

站在组织战略、市场营销战略、品牌战略的高度，从市场竞争、消费者心理、消费文化等不同层面对品牌的整合传播进行战略思考。商品的基本性能和独特卖点是什么？商品的目标消费对象是哪些人？这些消费对象具有什么样的消费心理和消费行为？商品的市场前景如何？命名的品牌商品在将来是否有可能运用品牌延伸的策略？哪种类型的品牌名称更有助于品牌形象的塑造与传播？商品是否有可能进入国际市场？需要命名的商品与企业其他品牌的商品之间是一种什么关系？需要命名的品牌其企业的未来发展战略及其品牌文化是什么？……

2. 品牌名字酝酿和提出备选名字

从不同角度为品牌名称构思不同方案的过程。方案越多，筛选的余地就越大，获得令人拍案叫绝的品牌名称的可能性也就越大。构思的方法可以因人而异，但一般而言，使用头脑风暴法更有效率。

3. 测试与评估

171

衡量品牌名称优劣与否的判断标准，此阶段是对品牌名称的备选方案进行筛选和评估。一般而言，筛选过程是对那些明显不合要求的备选名称予以放弃，使备选名称保留在 10 个左右，然后再对保留下来的名称做出评估。评估可以采用专家分析法和消费者调查法，专家分析法通过组织相关专家、学者等进行内部评审；消费者调查法针对企业市场部的资深人员、销售渠道的相关人员以及有代表性的目标消费者以外部的调查方法进行。

4. 法律检索

经过上述阶段对品牌名称进行筛选和评估之后，可供使用的品牌名称一般缩减到五六个，此时可以进入品牌名称的法律检索阶段。这虽然是既花钱又费时的一个过程，却是一个绝对不能忽略的至关重要的过程。一个再好的品牌名称，如果已经被人注册在先，本方要么放弃此品牌名

称，要么向此品牌名称的持有人购买。通过法律检索，可以排除那些在市场上已经使用或已经被人注册或与本品牌名称相近的名称，以确保自己所确定的品牌名称的专有性。

5. 确定名字

在经过厘清品牌战略规划、提供多个品牌名称酝酿备选、对多个品牌名称测试评估并排序、对通过测试的几个品牌名称进行法律检索后，就可以确定品牌的名字了。如果是几个都通过了，再按测试排序选择最终的最满意的一个。

6. 进入品牌形象系统规划

在品牌的名字正式确定后，就可以进行品牌标志设计、品牌包装设计、品牌个性设计和品牌文化规划等一系列品牌形象系统设计工作了。

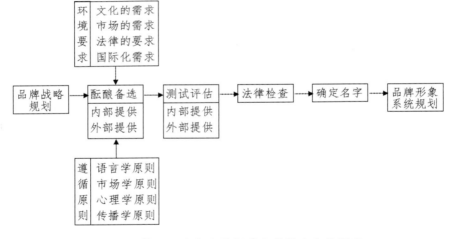

图 7-1　基于历史名人资源进行品牌命名的程序

六、基于四川历史名人资源进行品牌命名的策略

（一）基于四川历史名人名字的品牌命名

历史名人尤其是文学家型历史名人的名字有原名、字、号、笔名、

化名等很多形式，往往根植于我国深厚的传统文化，有着特别的文化意蕴。表 7-2 列举了四川十大历史名人中文学领域历史名人的名号。历史名人众多名字中后世广为传颂的名字如李白（李太白）、苏东坡、郭沫若等，可以大量用于其故居、旧居、寓居地、为官地的广场、道路、小区园区、建筑物等地名品牌上。由于历史名人品牌的公共品牌属性，在区域农产品公用品牌、特色工业产品集群品牌、地方特产公用品牌的打造上可以广泛借用，还可以用历史名人品牌加产业特征/产品特征形式为私有商业品牌命名，如"李白+美酒""东坡+美食""沫若+小吃"等。

表 7-2　四川十大历史名人中文学家名号列举

历史名人	字	号	谥号	世称
扬雄	子云			
司马相如	长卿			赋圣、辞宗
李白	太白	青莲居士、谪仙人		诗仙
杜甫	子美	少陵野老		诗圣、杜工部、杜少陵
陈子昂	伯玉			陈拾遗
薛涛	洪度			蜀中女校书
苏轼	子瞻、和仲	铁冠道人、东坡居士	文忠	苏东坡、苏仙
杨慎	用修	升庵、博南山人、洞天真逸、滇南戍史、金马碧鸡老兵等		
李调元	羹堂	雨村、童山蠢翁		

（二）基于历史名人作品的品牌命名

历史文化名人作品丰富，作品名字、作品中的典型角色、作品中的典型符号、作品中的优美文字词语等都可以作为品牌名称使用，尤其是作为私有商业品牌和企业产品（服务）品牌的名字。以作品中的优美文字词语作为品牌名称的抓取策略有连续式抓取、跳跃式抓取和逆向式抓取，抓取的品牌名称的字数不能仅局限在 2 个字上，3 至 5 个字都可以，但最好不要超过 5 个字，品牌名字太长不利于公众记忆和诵读。

表 7-3　历史名人作品品牌名字抓取举例

作者	作品	品牌名字	适用行业（产品）
	箫声咽，秦娥梦断秦楼月。秦楼月，年年柳色，灞陵伤别。乐游原上清秋节，咸阳古道音尘绝。音尘绝，西风残照，汉家陵阙。（《忆秦娥·箫声咽》）	忆秦娥	餐饮、酒店、娱乐
		箫声咽	艺术培训
		秦娥梦	餐饮、酒店
		秦楼月	餐饮、酒店
		乐游原	餐饮、旅游、酒店
		咸阳古道	餐饮、旅游、酒店
		音尘绝	艺术培训、娱乐
李白	君不见，黄河之水天上来，奔流到海不复回。君不见，高堂明镜悲白发，朝如青丝暮成雪。人生得意须尽欢，莫使金樽空对月。天生我材必有用，千金散尽还复来。烹羊宰牛且为乐，会须一饮三百杯。岑夫子，丹丘生，将进酒，杯莫停。与君歌一曲，请君为我倾耳听。钟鼓馔玉不足贵，但愿长醉不复醒。古来圣贤皆寂寞，惟有饮者留其名。陈王昔时宴平乐，斗酒十千恣欢谑。主人何为言少钱，径须沽取对君酌。五花马，千金裘，呼儿将出换美酒，与尔同销万古愁。（《将进酒》）	将进酒	餐饮、白酒、酒店
		高堂明镜	镜子、玻璃
		金樽	餐饮、白酒、酒店
		还复来	餐饮
		与君歌一曲	艺术培训、娱乐
		钟鼓馔玉	珠宝、酒店
		圣贤	培训
		宴平乐	餐饮、酒店
		对君酌	餐饮、酒吧
		千金裘	服装

作者	作品	品牌名字	适用行业（产品）
苏轼	大江东去，浪淘尽，千古风流人物。故垒西边，人道是，三国周郎赤壁。乱石穿空，惊涛拍岸，卷起千堆雪。江山如画，一时多少豪杰。 遥想公瑾当年，小乔初嫁了，雄姿英发。羽扇纶巾，谈笑间，樯橹灰飞烟灭。故国神游，多情应笑我，早生华发。人生如梦，一尊还酹江月。（《念奴娇·赤壁怀古》）	念奴娇	酒店、娱乐、美容
		赤壁怀古	餐饮、旅游、酒店
		大江东去	餐饮、酒店
		千古风流	酒吧、娱乐、美容
		江山如画	餐饮、旅游、酒店
		豪杰	培训、酒店
		雄姿英发	培训、美容
		故国神游	餐饮、旅游、酒店
		人生如梦	酒店、美容、娱乐
		酹江月	餐饮、酒店、娱乐
	明月几时有，把酒问青天。不知天上宫阙，今夕是何年？我欲乘风归去，又恐琼楼玉宇，高处不胜寒。起舞弄清影，何似在人间！ 转朱阁，低绮户，照无眠。不应有恨，何事长向别时圆？人有悲欢离合，月有阴晴圆缺，此事古难全。但愿人长久，千里共婵娟。（《水调歌头·明月几时有》）	水调歌头	餐饮、酒店、娱乐
		明月几时有	餐饮、酒店
		天上宫阙	餐饮、娱乐酒店
		乘风	旅游、培训
		琼楼玉宇	楼盘、酒店
		舞清影	培训
		转朱阁	餐饮、酒店
		低绮户	餐饮、酒吧
		照无眠	餐饮、酒店
		别时圆	餐饮、酒店
		婵娟	餐饮、娱乐、酒店

作者	作品	品牌名字	适用行业（产品）
郭沫若	《女神》《星空》《潮汐集》《迎春曲》《天狗》《凤凰涅槃》《天上的街市》《骆驼》《晨安》《太阳礼赞》《春莺曲》《莺之歌》《炉中煤》《霁月》《棠棣之花》《孔雀胆》	女神	餐饮、服饰、酒店
		星空	餐饮、娱乐、酒店
		潮汐	旅游、电力
		迎春	餐饮、街区、酒店
		天狗	宠物、旅游
		凤凰	街区、旅游、服饰
		天街	街区、旅游
		晨安	面包、培训、酒店
		春莺曲	旅游、培训、歌城
		莺之歌	旅游、培训、歌城
		炉中煤	煤气、煤矿
		霁月	餐饮、月饼、酒店
		棠棣之花	旅游、花艺
		孔雀翎	装修、酒店、娱乐

参考文献

[1] 习近平. 习近平谈治国理政：第一卷[M]. 北京：外文出版社，2014.

[2] 习近平. 习近平谈治国理政：第二卷[M]. 北京：外文出版社，2017.

[3] 汪青松，季正聚，黄福寿. 中国梦的科学内涵与实践路径[M]. 上海：
上海社会科学院出版社，2016.

[4] 佘双好. 中国梦之中国精神[M]. 武汉：武汉大学出版社，2015.

[5] 孙来斌. 中国梦之中国复兴[M]. 武汉：武汉大学出版社，2015.

[6] 张涛甫. "中国梦"的文化解析[M]. 重庆：重庆出版社，2014.

[7] 马克思恩格斯全集（第一、二卷）[M]. 北京：人民出版社，2009.

[8] 马克思恩格斯选集（第三卷）[M]. 北京：人民出版社，1995.

[9] 肖前，黄枬森，陈宴清. 马克思主义哲学原理[M]. 北京：中国人民
大学出版社，1997.

[10] 本书编写组. 马克思主义基本原理概论（2015修订版）[M]. 北京：
高等教育出版社，2015.

[11] 本书编写组. 毛泽东思想和中国特色社会主义理论体系概论[M].
北京：高等教育出版社，2013.

[12] 吕思勉. 中国文化史[M]. 天津：天津人民出版社，2016.

[13] 吕思勉. 中国通史[M]. 杭州：浙江古籍出版社，2017.

[14] 张岂之. 中国思想史[M]. 西安：西北大学出版社，2016.

[15] 范寿康. 中国哲学史通论[M]. 武汉：武汉大学出版社，2008.

[16] 孙培青. 中国教育史[M]. 上海：华东师范大学出版社，1992.

[17] 马积高，黄钧. 中国古代文学史[M]. 北京：人民文学出版社，2009.

[18] 袁行霈，莫砺锋，黄天骥. 中国文学史[M]. 北京：高等教育出版社，
2009.

[19] 刘海峰. 中国科举史[M]. 上海：东方出版中心，2004.

[20] 陈世松，贾大泉. 四川通史[M]. 成都：四川人民出版社，2010.

[21] 周尚意，孔翔，朱竑. 文化地理学[M]. 北京：北京大学出版社，2004.

[22] 赵毅衡. 符号学：原理与推演[M]. 南京：南京大学出版社，2016.

[23] 汪海波. 品牌符号学[M]. 长春：东北师范大学出版社，2018.

[24] 费孝通. 乡土中国[M]. 北京：北京出版社，2005.

[25] 王曙光. 中国农村[M]. 北京：北京大学出版社，2017.

[26] 于景祥. 李白[M]. 沈阳：辽海出版社，2016.

[27] 王志艳. 寻找李白[M]. 延吉：延边大学出版社，2013.

[28] 江来，肖芬. 李白[M]. 北京：中国少年儿童出版社，2005.

[29] 徐棻. 苏东坡[M]. 成都：四川人民出版社，2017.

[30] 由兴波. 千年英雄——苏东坡[M]. 沈阳：万卷出版公司，2020.

[31] 莫砺锋，童强. 苏轼[M]. 沈阳：春风文艺出版社，1999.

[32] 于景祥. 苏轼[M]. 沈阳：辽海出版社，2012.

[33] 邹廷清. 郭沫若[M]. 北京：中国少年儿童出版社，2005.

[34] 魏红珊. 郭沫若[M]. 成都：四川人民出版社，2003.

[35] 周靖波. 郭沫若[M]. 北京：人民美术出版社，2000.

[36] 蔡震. 郭沫若的青少年时代[M]. 石家庄：河北人民出版社，2012.

[37] 魏红珊. 郭沫若美学思想研究[M]. 成都：四川出版集团巴蜀书社，
2005.

[38] 朱绍侯. 中外历史名人传略（中国古代部分）[M]. 郑州：河南人民
出版社，1984.

[39] 实施四川历史名人文化传承创新工程领导小组. 四川历史名人读本
[M]. 成都：四川人民出版社，2020.

[40]《巴蜀历代文化名人辞典》编委会. 巴蜀历代文化名人辞典（古代
卷）[Z]. 成都：四川人民出版社，2018.

[41] 菲利普·科特勒，凯文·莱恩·凯勒. 营销管理[M]. 15 版. 何佳讯，
于洪彦，牛永革，等，译. 上海：上海人民出版社，2016.

[42] 黄静. 品牌营销 [M]. 2 版. 北京：北京大学出版社，2014.

[43] 朱立，贺爱忠. 品牌管理[M]. 北京：高等教育出版社，2008.

[44] 大卫·A. 艾克. 品牌经营法则[M]. 呼和浩特：内蒙古人民出版社，1999.

[45] 里克. 莱兹伯斯等. 品牌管理[M]. 北京：机械工业出版社，2004.

[46] 程宇宁. 品牌策划与管理[M]. 北京：中国人民大学出版社，2014.

[47] 钟伟. 品牌营销策划与管理[M]. 北京：科学出版社，2009.

[48] LESLIE DE CHERNATONY. From Brand Vision to Brand Evaluation [M]. Oxford：Butterworth-Heinemann，2001.

[49] 戴维·麦克纳利，卡尔·D. 斯皮克. 个人品牌[M]. 赵恒，译. 北京：中信出版社，2003.

[50] 徐浩然. 个人品牌——学会自我经营生存的生存法则[M]. 北京：机械工业出版社，2007.

[51] 苗杰，蒋晶. 广告学：整合营销沟通视角[M]. 7 版. 中国人民大学出版社，2019.

[52] 余明阳，朱纪达，肖俊宋. 品牌传播学[M]. 上海：上海交通大学出版社，2016.

[53] 谢京辉. 品牌经济论：理论思辨与实践解析[M]. 上海：上海人民出版社，2016.

[54] 吴志艳. 互联网时代的品牌消费与建设[M]. 上海：上海交通大学出版社，2019.

[55] 张军德. 品牌与文化[M]. 长沙：湖南科学技术出版社，2015.

[56] 杜国清，陈怡等. 品牌传播理论与实务[M]. 北京：中国传媒大学出版社，2018.

[57] 江平. 城市品牌形象研究[M]. 长春：吉林美术出版社，2018.

[58] 蔡丹红. 打造个人品牌[M]. 北京：中国经济出版社，2018.

[59] 汪德宏. 品牌本质[M]. 上海：上海人民出版社，2016.

[60] 李滨. 品牌文化与品牌战略[M]. 西安：西安交通大学出版社，2015.

[61] 席佳蓓. 品牌管理[M]. 南京：东南大学出版社，2017.

[62] 潘琦. "刘三姐"文化品牌研究[M]. 南宁：广西人民出版社，2002.

[63] 柏定国. 文化品牌学[M]. 长沙：湖南师范大学出版社，2010.

[64] 张政，彭健. 城市文化品牌[M]. 北京：中国戏剧出版社，2003.

[65] 张竞，马哲明，徐雪娇. 农产品区域公用品牌建设路径研究[M]. 北京：中国社会科学出版社，2021.

[66] 仝美惠. 电影传播学[M]. 昆明：云南大学出版社，2019.

[67] 程洁. 网络传播学[M]. 苏州：苏州大学出版社，2019.

[68] 郝雨. 新闻传播学概论[M]. 上海：上海交通大学出版社，2017.

[69] 褚亚玲，强华力. 新媒体传播学概论[M]. 北京：中国国际广播出版社，2018.

[70] 张应奎. 网络传播学导论[M]. 昆明：云南大学出版社，2017.

[71] 吕婧华. 影像传播学与当代新闻[M]. 北京：九州出版社，2016.

[72] 匡文波. 网络媒体概论[M]. 北京：清华大学出版社，2001.

[73] 黄河，刘琳琳，王芳菲. 新媒体管理[M]. 北京：中国传媒大学出版社，2015.

[74] 方伟. 新媒体与社会发展[M]. 北京：文化发展出版社，2019.

[75] 刘小晔，文春英，王楠. 信息社会与新媒体[M]. 北京：中国传媒大学出版社，2016.

[76] 曹之. 中国印刷术的起源[M]. 武汉：武汉大学出版社，2015.

[77] 卡德. 中国印刷术源流史[M]. 刘麟生，译. 太原：山西人民出版社，2015.

[78] 东方暨白. 印刷术的历史[M]. 开封：河南大学出版社，2015.

[79] 郭武群. 打开历史的尘封：民国报纸文艺副刊研究[M]. 天津：百花文艺出版社，2007.

[80] 兵焱. 中国影视传播史纲[M]. 北京：中国传媒大学出版社，2007.

[81] 张明，于井尧. 中外文化交流史[M]. 长春：吉林文史出版社，2006.

[82] 李焱胜. 中国报刊图史[M]. 武汉：湖北人民出版社，2005.

[83] 金铮. 科举制度与中国文化[M]. 上海：上海人民出版社，1990.

[84] 邓广铭. 邓广铭全集（第六卷）[M]. 石家庄：河北教育出版社，2005.

[85] 国家新闻出版署出版产业发展司. 2011中国新闻出版统计资料汇编[M]. 北京：中国书籍出版社，2011.

[86] 赵传仁，鲍延毅，葛增福. 中国书名释义大辞典[M]. 济南：山东友谊出版社，2007.

[87] 曾枣庄，刘琳. 全宋文[M]. 上海：上海辞书出版社，2006.

[88] 周伟民，唐玲玲. 海南史传与碑传汇纂（上）[M]. 北京：知识产权出版社，2013.

[89] 郭预衡. 中国古代文学史长编[M]. 上海：上海世纪出版股份有限公司，2007.

[90] 龙榆生. 唐宋名家词选[M]. 上海：古典文学出版社，1956.

[91] 许外芳. 论苏轼的艺术哲学[M]. 广州：暨南大学出版社，2012.

[92] 周振甫，冀勤. 钱锺书《谈艺录》读本[M]. 北京：中央编译出版社，2013.

[93] 苏轼. 东坡乐府编年笺注[M]. 石声淮，唐玲玲，笺注. 武汉：华中师范大学出版社，1990.

[94] 张惠民. 宋代词学资料汇编[M]. 汕头：汕头大学出版社，1993.

[95] 龙榆生. 唐宋名家词选[M]. 上海：古典文学出版社，1956.

[96] 娥满，等. 阅古拾珍：大学生必读的 36 部国学经典[M]. 昆明：云南大学出版社，2016.

[97] 苏轼. 苏轼词集[M]. 刘石 导读. 上海：上海古籍出版社，2014.

[98] 周勇. 重庆辛亥革命史[M]. 重庆：重庆出版社，2011.

[99] 高士振. 1911 动荡中国 辛亥起义重大事件[M]. 北京：台海出版社，2011.

[100] 吴达德. 辛亥革命四川名人画传[M]. 成都：四川辞书出版社，2011.

[101] 汤志钧. 戊戌变法人物传稿（增订本. 下册）[M]. 北京：中华书局，1961.

[102] 乐山市地方志编纂委员会. 乐山市志[M]. 成都：巴蜀书社，2001.

[103] 清代《眉州志》.

[104] 陈庆门，宋名立. 直隶达州志[M]. 北京：国家图书馆出版社，2018.

[105] 南充市地方志编纂委员会. 南充市志[M]. 四川科学技术出版社，1994.

[106] 《达州市志》编纂委员会. 达州市志[M]. 北京：方志出版社，2009.

[107] 唐长寿. 乐山古代史话[M]. 北京：新华出版社，2018.

[108] 清代仁寿县志.

[109] 李后强. 瓦屋山道教文化[M]. 成都：四川民族出版社，2000.

[110] （民国）眉山县志（卷7）.

[111] 汝倩倩，吴家华. 新时代培养文化自信的三重逻辑[J]. 中国石油大学学报（社会科学版），2009（1）.

[112] 王娜. 文化品牌研究文献综述[J]. 经济论坛，2018（5）.

[113] 吕玉龙. 传统文化元素在现代包装设计中的应用[J]. 文教资料，2009（4）.

[114] 易元明，黄金发. 浅析产品设计中的中国传统文化元素[J]. 2006年中国机械工程学会年会暨中国工程院机械与运载工程学部首届年会论文集[C]. 2006.

[115] 章采烈. 论历史名人级差及其效应：中国名人名胜资源的旅游价值[J]. 旅游学刊，1994（4）.

[116] 舒咏平. 品牌即信誉主体与信任主体的关系符号[J]. 品牌研究，2016（1）.

[117] 舒咏平，邓国芬. 从大禹治水看个人品牌的建构[J]. 湖南行政学院学报，2007（1）.

[118] 劳拉·雷克. 创建和提升个人品牌之七要素[J]. 孙美玲，译. 品牌，2013（2）.

[119] 埃尔弗·努锡法拉. 个人品牌的力量[J]. 吴威，译. 中国企业家，2002（11）.

[120] 许敏，翟丽，田野. 公众人物个人品牌塑造与形象公关研究[J]. 西安社会科学，2009（9）.

[121] 刘婷. 企业家个人品牌性格[J]. 当代经理人，2006（5）.

[122] 胡赛丽. "80后"作家个人品牌与文学时尚的关系[J]. 三明学院学报，2019，3（36）.

[123] 张万仪. 故乡与童年的烙印：论童年经历对鲁迅、郭沫若创作个性

的影响[J]. 贵州文史丛刊，1999（5）.

[124] 孙文刚. 雏凤试声 几声清亮几声拙——论郭沫若少年时代的诗歌创作[J]. 郭沫若学刊，2007（2）.

[125] 朱崇才. 李白的词[J]. 文史知识，2001（10）.

[126] 杨武能. 施笃姆的诗意小说及其在中国之影响[J]. 外国文学研究，1986（4）.

[127] 王长征. 策略与认同——现代传媒与创造社"异军突起"[D]. 青岛：青岛大学，2009.

[128] 王锦厚. 由郭沫若悼念闻一多想到舒芜——为闻一多诞辰百年作[J]. 郭沫若学刊，2000（1）.

[129] 谢晖，任文举. 历史文化名人郭沫若品牌及其价值研究综述[J]. 现代商贸工业，2012（11）.

[130] 任文举，谢晖. 郭沫若品牌开发现状及对策研究[J]. 中国集体经济，2012（27）.

[131] 任文举，周彦杉. 打造四川历史文化名人品牌群：以"沫若"品牌为例[J]. 中小企业管理与科技，2014（11）.

[132] 任文举，周彦杉，等. 基于商业企业视角的卷烟品牌形象传播通路研究[J]. 乐山师范学院学报，2015（4）.

[133] 任文举，张仁萍. 基于历史文化名人的品牌形象识别设计研究：以历史文化名人郭沫若为例[J]. 产业与科技论坛，2016（21）.

[134] 任文举，张仁萍，郑磊，尹立茜. 房地产品牌洋化现象及其治理研究：基于历史名人资源品牌化的视角[J]. 经济研究导刊，2019，29（10）.

[135] 任文举. 基于历史名人资源品牌化的品牌洋化现象治理研究[J]. 乐山师范学院学报，2019，34（8）.

[136] 任文举，郑磊，高文香. 历史名人郭沫若品牌形成研究[J]. 中国经贸导刊，2020（1）.

[137] 任文举，郑磊，高文香，袁月. 乐山历史名人品牌时空分布研究[J]. 产业与科技论坛，2019（12）.

[138] 任文举，郑磊. 四川旧民主主义革命时期历史名人资源开发研究[J]. 西部学刊，2020（8）.

[139] 任文举，郑磊，高文香. 四川新民主主义革命历史名人品牌时空分布研究[J]. 现代商贸工业，2020（5）.

[140] 任文举. 区域特质视野下达州历史名人品牌时空分布研究[J]. 产业与科技论坛，2020（6）.

[141] 任文举. 四川红色文化产业发展研究：基于革命历史名人品牌的视角[J]. 经济研究导刊，2020（7）.

[142] 任文举，郑磊，高文香. 基于彝族历史名人资源的品牌符号形象识别设计研究[J]. 现代商业，2020（7）.

[143] 任文举. 彝族历史名人品牌时空分布研究[J]. 现代商贸工业，2020（12）.

[144] 任文举，张仁萍. 历史名人品牌价值研究[J]. 现代商业，2021（8）.

[145] 虞佳玮. 费孝通《乡土中国》里的浓情[J]. 城市地理，2018（11）.

[146] 蒋登科. 浪漫主义与新诗现代精神的生成[J]. 西南民族学院学报（哲学社会科学版），2000（11）.

[147] 谢荣萍. 中西文化融合下的创造性写作——论郭沫若《女神》[J]. 大观（论坛），2018（12）.

[148] 杨天保. 斗士、学者和良师——试析闻一多整理古文献的学术动力和现实意义[J]. 玉林师范学院学报，2003（6）.

[149] 符杰祥. 论左翼浪漫主义文学思潮的青春文化品格[J]. 东方论坛（青岛大学学报），2000（2）.

[150] 彭纳. 追寻文化的根——四川历史名人研究及文化传承[J]. 四川党的建设（城市版），2016（12）.

[151] 黄佳美. 基于品牌延伸的产品形象识别研究[D]. 上海：东华大学，2009.

[152] 刘佳寿，刘德仁. 论"天数在蜀"[J]. 大自然探索，1984（1）.

[153] 邓经武. 天数在蜀：巴蜀文化对中国天文学的贡献[J]. 文史杂志，2017（4）.

[154] 何允中. 试论抗战中的川军[J]. 文史杂志，2015（3）.

[155] 龙雅芳. 论川军出川抗战的成因及其意义[J]. 西部经济管理论坛，2005（4）.

[156] 刘庆振. 智能算法语境下的媒体、传播和广告再思考[J]. 新闻知识，2018（12）.

[157] 刘春花. 失语的传播机制解析[J]. 东南传播，2019（6）.

[158] 王琪. 采编工作思路的角度与创新[J]. 中国传媒科技，2014（2）.

[159] 李菀、康斌. 论郭沫若作品在中学语文课程资源中的开发利用[J]. 四川教育学院学报，2011，27（12）.

[160] 杜文科. 从模仿到被模仿：中国互联网在创新中抢占世界先机[N]. 中国产经新闻，2019-11-12.

[161] 何欢. "互联网+"新经济形态下篮球市场传播方式研究[D]. 广州：广州体育学院，2019.

[162] 王艳. 抖音短视频品牌传播研究[J]. 合作经济与科技，2019（12）.

[163] 周敏. XT职业技术学院品牌建设研究[D]. 湘潭：湘潭大学，2015.

[164] 张相蓉，陆璐璐. 蚌埠市"老字号"品牌的传播策略研究[J]. 新余学院学报，2016（6）.

[165] 彭燕. 略论公共关系与广告的关系[J]. 新闻爱好者，2012（2）.

[166] 刘庆华. 中国知名品牌的品牌命名分析——以《人民日报》（1949—2018）中的"名牌"为对象[J]. 新闻战线，2019（5）.

[167] 沈虹. 话说品牌命名[J]. 广告大观（综合版），2007（11）.

[168] 王斌，王宇航. 品牌命名——新形势下的探讨[J]. 技术经济与管理研究，2003（5）.

[169] 郭萍，陆剑宝. 日本世界500强企业品牌的命名特征——基于管理学与语言学的双重视角[J]. 日本研究，2012（12）.

[170] 王伟. 品牌命名中的文化元素和语言策略[J]. 企业活力，2006（7）.

[171] 刘仁庆. 参观"四川夹江手工造纸博物馆"散记[J]. 纸和造纸，1989（7）.

[172] 张若群，李景文. 宋代眉山刻书及其兴盛原因[J]. 乐山师范学院学

报，2017，32（6）.

[173] 祝尚书. 论宋代文化中的"眉山现象"[J]. 四川大学学报（哲学社会科学版），2004，132（4）.

[174] 刘琳. 唐宋之际北人迁蜀与四川文化的发展[M]//宋代文化研究：第二集. 成都：四川大学出版社，1992.

[175] 陈羽枫. 政治操守与仕途坎坷：苏轼的三次被贬谪再探讨[D]. 石家庄：河北大学，2017.

[176] 许淑君. 社会化媒体时代品牌代言人负面信息对消费者购买意愿的实证研究[D]. 杭州：浙江工商大学，2016.

[177] 邹邦奴. 宋代江西文坛及其崛起[J]. 上饶师专学报（社会科学版），1983（8）.

[178] 黄瑞欣. 五代时期西蜀绘画的成展与演变[J]. 郑州大学学报（哲学社会科学版），2003，36（4）.

[179] 蔡崇榜. 宋代四川史学的特点[J]. 西南师范大学学报（人文社会科学版），1986（4）.

[180] 唐长寿. 乐山佛教文化史谈[N]. 三江都市报，2018-07-24，第4版.

[181] 魏奕雄. 乐山人民对抗日战争的贡献——纪念中国人民抗日战争胜利七十周年[N]. 乐山日报，2015-08-30.